思想的・睿智的・獨見的

經典名著文庫

學術評議

丘為君　吳惠林　宋鎮照　林玉体　邱燮友
洪漢鼎　孫效智　秦夢群　高明士　高宣揚
張光宇　張炳陽　陳秀蓉　陳思賢　陳清秀
陳鼓應　曾永義　黃光國　黃光雄　黃昆輝
黃政傑　楊維哲　葉海煙　葉國良　廖達琪
劉滄龍　黎建球　盧美貴　薛化元　謝宗林
簡成熙　顏厥安（以姓氏筆畫排序）

策劃 楊榮川

五南圖書出版公司 印行

經典名著文庫

學術評議者簡介（依姓氏筆畫排序）

- 丘為君　美國俄亥俄州立大學歷史研究所博士
- 吳惠林　美國芝加哥大學經濟系訪問研究、臺灣大學經濟系博士
- 宋鎮照　美國佛羅里達大學社會學博士
- 林玉体　美國愛荷華大學哲學博士
- 邱燮友　國立臺灣師範大學國文研究所文學碩士
- 洪漢鼎　德國杜塞爾多夫大學榮譽博士
- 孫效智　德國慕尼黑哲學院哲學博士
- 秦夢群　美國麥迪遜威斯康辛大學博士
- 高明士　日本東京大學歷史學博士
- 高宣揚　巴黎第一大學哲學系博士
- 張光宇　美國加州大學柏克萊校區語言學博士
- 張炳陽　國立臺灣大學哲學研究所博士
- 陳秀蓉　國立臺灣大學理學院心理學研究所臨床心理學組博士
- 陳思賢　美國約翰霍普金斯大學政治學博士
- 陳清秀　美國喬治城大學訪問研究、臺灣大學法學博士
- 陳鼓應　國立臺灣大學哲學研究所
- 曾永義　國家文學博士、中央研究院院士
- 黃光國　美國夏威夷大學社會心理學博士
- 黃光雄　國家教育學博士
- 黃昆輝　美國北科羅拉多州立大學博士
- 黃政傑　美國麥迪遜威斯康辛大學博士
- 楊維哲　美國普林斯頓大學數學博士
- 葉海煙　私立輔仁大學哲學研究所博士
- 葉國良　國立臺灣大學中文所博士
- 廖達琪　美國密西根大學政治學博士
- 劉滄龍　德國柏林洪堡大學哲學博士
- 黎建球　私立輔仁大學哲學研究所博士
- 盧美貴　國立臺灣師範大學教育學博士
- 薛化元　國立臺灣大學歷史學系博士
- 謝宗林　美國聖路易華盛頓大學經濟研究所博士候選人
- 簡成熙　國立高雄師範大學教育研究所博士
- 顏厥安　德國慕尼黑大學法學博士

經典名著文庫034

論自由

約翰・斯圖爾特・彌爾 著
(John Stuart Mill)
孟凡禮 譯

經典永恆・名著常在

五十週年的獻禮・「經典名著文庫」出版緣起

總策劃 楊榮川

閱讀好書就像與過去幾世紀的諸多傑出人物交談一樣——笛卡兒

五南，五十年了。半個世紀，人生旅程的一大半，我們走過來了。不敢說有多大成就，至少沒有凋零。

五南忝為學術出版的一員，在大專教材、學術專著、知識讀本出版已逾壹萬參仟種之後，面對著當今圖書界媚俗的追逐、淺碟化的內容以及碎片化的資訊圖景當中，我們思索著：邁向百年的未來歷程裡，我們能為知識界、文化學術界做些什麼？在速食文化的生態下，有什麼值得讓人雋永品味的？

歷代經典・當今名著，經過時間的洗禮，千錘百鍊，流傳至今，光芒耀人；不僅使我們能領悟前人的智慧，同時也增深加廣我們思考的深度與視野。十九世紀唯意志論開創者叔本華，在其〈論閱讀和書籍〉文中指出：「對任何時代所謂的暢銷書要持謹慎的態度。」他覺得讀書應該精挑細選，把時間用來閱讀那些「古今中外的偉大人物的著作」，閱讀那些「站在人類之巔的著作及享受不朽聲譽的人們的作品」。閱讀就要「讀原著」，是他的體悟。他甚至認爲，閱讀經典原著，勝過於親炙教誨。他說：

> 「一個人的著作是這個人的思想菁華。所以，儘管一個人具有偉大的思想能力，但閱讀這個人的著作總會比與這個人的交往獲得更多的內容。就最重要的方面而言，閱讀這些著作的確可以取代，甚至遠遠超過與這個人的近身交往。」

爲什麼？原因正在於這些著作正是他思想的完整呈現，是他所有的思考、研究和學習的結果；而與這個人的交往卻是片斷的、支離的、隨機的。何況，想與之交談，如今時空，只能徒呼負負，空留神往而已。

三十歲就當芝加哥大學校長、四十六歲榮任名譽校長的赫欽斯（Robert M. Hutchins, 1899-1977），是力倡人文教育的大師。「教育要教眞理」，是其名言，強調「經典就是人文教育最佳的方式」。他認爲：

「西方學術思想傳遞下來的永恆學識，即那些不因時代變遷而有所減損其價值的古代經典及現代名著，乃是眞正的文化菁華所在。」

這些經典在一定程度上代表西方文明發展的軌跡，故而他爲大學擬訂了從柏拉圖的《理想國》，以至愛因斯坦的《相對論》，構成著名的「大學百本經典名著課程」。成爲大學通識教育課程的典範。

歷代經典·當今名著，超越了時空，價值永恆。五南跟業界一樣，過去已偶有引進，但都未系統化的完整舖陳。我們決心投入巨資，有計劃的系統梳選，成立「經典名著文庫」，希望收入古今中外思想性的、充滿睿智與獨見的經典、名著，包括：

- 歷經千百年的時間洗禮，依然耀明的著作。遠溯二千三百年前，亞里斯多德的《尼各馬科倫理學》、柏拉圖的《理想國》，還有奧古斯丁的《懺悔錄》。
- 聲震寰宇、澤流遐裔的著作。西方哲學不用說，東方哲學中，我國的孔孟、老莊哲學，古印度毗耶娑（Vyāsa）的《薄伽梵歌》、日本鈴木大拙的《禪與心理分析》，都不缺漏。
- 成就一家之言，獨領風騷之名著。諸如伽森狄（Pierre Gassendi）與笛卡兒論戰的《對笛卡兒沉思錄的詰難》、達爾文（Darwin）的《物種起源》、米塞斯（Mises）的《人的行爲》，以至當今印度獲得諾貝爾經濟學獎阿馬蒂亞·森（Amartya Sen）的《貧困與饑荒》，及法國當代的哲學家及漢學家朱利安（François Jullien）的《功效論》。

梳選的書目已超過七百種，初期計劃首爲三百種。先從思想性的經典開始，漸次及於專業性的論著。「江山代有才人出，各領風騷數百年」，這是一項理想性的、永續性的巨大出版工程。不在意讀者的眾寡，只考慮它的學術價值，力求完整展現先哲思想的軌跡。雖然不符合商業經營模式的考量，但只要能爲知識界開啓一片智慧之窗，營造一座百花綻放的世界文明公園，任君遨遊、取菁吸蜜、嘉惠學子，於願足矣！

最後，要感謝學界的支持與熱心參與。擔任「學術評議」的專家，義務的提供建言；各書「導讀」的撰寫者，不計代價地導引讀者進入堂奧；而著譯者日以繼夜，伏案疾書，更是辛苦，感謝你們。也期待熱心文化傳承的智者參與耕耘，共同經營這座「世界文明公園」。如能得到廣大讀者的共鳴與滋潤，那麼經典永恆，名著常在。就不是夢想了！

二〇一七年八月一日　於

五南圖書出版公司

導讀　爲什麼我們今天依然還要讀彌爾？

十多年後能夠再次仔細閱讀約翰・斯圖爾特・彌爾的《論自由》，說起來要感謝孟凡禮君。數日之前，凡禮送來他新近重譯的《論自由》，開始我並不以爲意。在我的印象中，彌爾的這部名著已有多種譯本，他的思想在學術界乃至公共知識界也廣爲流傳，是否還需要再添一個新的譯本，我以前也沒有認眞想過。但是，近來我抽出時間專門拜讀了這篇精緻的譯品，又順便翻閱了自嚴復以來，一個多世紀在中國出版的彌爾這部著作的多個譯本，讀後不禁感慨萬千。在此倒不是想透過對比爲這篇最新譯稿說些褒揚之辭，這篇譯品在「信、達、雅」方面所達到的程度，我想讀者諸君自有公論。至於爲什麼在已經有了多個譯本之後，還要不辭辛苦地從事這樣一樁看起來有些吃力不討好的事情？其緣由在同時交送給我的一篇專門討論《論自由》漢譯版本的比較和翻譯問題的文稿中，已有陳述，自不勞我再贅述。

最近幾年我一直在強調一種關於中國問題的看法，那就是自鴉片戰爭至今一百七十年來，尤其是歷經兩個共和國（即中華民國與中華人民共和國），中國社會依然處在一個古今之變的轉型時期，即從古典王朝社會到現代自由民主社會的轉型遠沒有徹底完成，儘管這種轉型是在遭受西方列強的壓迫，並且伴隨著深刻而又劇烈的中西文明之爭的背景下展開的。從大的歷史視野來看，這一百七十年來的中國近現代歷史，仍然處在一個以現代性爲主導的現代政治、經濟、文化的演進或構建之中。這樣一個古今之變的歷史過程，非常類似於西方的十七、十八直到十九世紀，也就是說，我們這一百多年的歷史，大致經歷著西方社會歷經三百多年才完成的古今之變的現代社會的形成過程。

我們看到，這個時期的西方文明產生了一大批思想家，細數起來，這些名單可以從馬基維利、博丹、格勞秀斯、霍布斯、洛克、盧梭、伏爾泰、孟德斯鳩、亞當·斯密，一直到邊沁、約翰·彌爾。如果再予以深究的話，西方現代性的歷史演變又可以細分爲早期現代與中晚期現代兩個階段，從某種意義上說，以約翰·彌爾爲代表的十九世紀英國思想家們，恰好是處於從早期現代到成熟的西方現代文明的轉折時期。彌爾的思想爲英國乃至歐洲從早期現代向成熟現代社會的邁進，提供了一個承上啓下的典範性理論依據，他的政治哲學、政治經濟學和倫理學著作，尤其是在當時的英國，乃至日後在世界影響深遠的這篇名爲《論自由》的小冊子，均是應對西方社會的這個時代之轉型問題，勾畫未來社會的健康發展。擊水中流，匡正時弊，發前人之所未發，彌爾蔚然開闢出西方現代社會思想中的一大理論路徑。

中國百餘年來古今之變的社會大轉型，至今業已跨過二十一世紀的門檻，如果說在兩個共和國的創制時期，中國還是處在一個較爲標準的西方早期現代的社會構建，即一個現代中國的政治與社會的發軔與肇始之際的話，那麼，我們看今日中國，大陸經過三十多年改革開放所帶動的社會之全面變遷，以及臺灣在解嚴之後逐漸進入開放的憲政民主社會，海峽兩岸暨香港、澳門都已大致走過了早期現代的政治、經濟、社會乃至文化的創建時期，面臨著向更爲成熟、正常的現代社會的轉型問題。中國在這個時間面臨的問題，從大方面說，在我看來恰恰很類似於約翰·彌爾所處的英國社會從早期現代向成熟現代邁進的轉型時期，我們迫切需要約翰·彌爾這樣承前啓後的思想家，爲這個極其複雜的轉型時代提供切中肯綮的思想理論資源。

彌爾所面臨的時代問題的迫切性在哪裡？爲什麼說彌爾的思想在十九世紀的英國具有承前啓後的意義？這就要回到彌爾這部經典之作的文本上，頗有意思的是，透過近期的一番閱讀，我有一個驚喜的發現，我感到彌爾的

《論自由》，不失為一個十九世紀版本的洛克《政府論》。對洛克之於英國早期現代的關係我們早已熟知，他是英國光榮革命的理論辯護士，其《政府論》旨在為新生的英國政治提供理論的證成。彌爾的《論自由》明明是討論自由問題，尤其是思想言論自由與個性自由問題，我為什麼要把它視為洛克《政府論》的十九世紀英國之新版呢？我的這個觀點的理據是什麼？洛克與彌爾的共同點與不同點又是什麼呢？

洛克《政府論》著重探討的是政府權力的正當性來源，雖然洛克在《政府論》中非常強調生命權、財產權和自由權等基本的個人權利，但他作為早期現代的思想家，所面臨或針對真正的理論對手主要是霍布斯的絕對國家主權，因此《政府論》的中心內容在於構建一個人民同意的有限政府，個人的基本權利只是作為政府權力的正當性而被表述出來的。所以，洛克的《政府論》是一個基於個人權利的政治契約論的政府論。洛克的政治理論是與其時代密切相關的，作為十七世紀英國光榮革命的產物，他是要為光榮革命所建立起來的現代政府及其正當性辯護。我們看到，隨著其後英國社會一百多年的演變發展，到了約翰・彌爾時代，早期現代所奠定的憲政政體制度已經得到富有成效的實施，人民的基本政治與公民權利在這個體制下均已獲得較為妥當的保障，個人的財產權、生命權和自由權少有受到政府權力恣意的侵犯。有限政府、憲政框架以及法治主義，在思想意識上毋庸置疑地爲英國公衆所廣泛接受，作爲政府之正當性來源的自然權利學說，業已扎根於英國一百年來的制度實踐之中，成爲英國自由主義傳統的一個重要組成部分。這表明英國社會已經走出了早期現代的歷史階段，這個國家的政體穩定，法制昌明，人民安居樂業，步入到一個成熟的現代社會的關鍵點上。在這個時期，英國社會並不是沒有問題了，而是舊的問題已經解決，新的問題大量湧現，如何界定處在成熟社會的政府權力，就需要一種新的「政府論」，這個新的政府論，在我看來恰是由約翰．彌爾的這本《論自由》來完成的。

在洛克的《政府論》中有兩層邏輯，一層邏輯是構建政府，另外一層邏輯是彰顯個人權利。洛克的眞正企圖是通過構建一個具有人民授權的合法而有限的政府，以此強化個人權利的重要價値，即它們是政府權力的正當性來源。所以，洛克的《政府論》又可以視之爲權利論或自由論，right 在洛克的語境中實質上就是一種絕對的自由，即自然權利論的自由。但是，經由光榮革命所建立的政權需要一種理論上的證成，致使洛克筆觸的落腳點就落到了政府論上，他要爲這個新生的政府提供理論上的辯護，然而，由於洛克的主旨在人民的自然權利上，所以他的政府論難免具有激進主義的色彩。由此，我們也可以明確地指出，洛克並不是所謂的御用文人，他對於光榮革命的政府論證成，不是爲了捍衛這個特定的英國政府，而是對現代政府提出自己的警示，即政府的建立要基於人民的同意，其正當性的根源在於公民的自然權利之保障，這才是當時歐洲思想界泛起的「國家理由」之前提。人民有服從政府的義務，但這個政府必須是得到人民授權同意的政府，是能夠保障人民的生命權、財產權與自由權的政府，一旦人民的上述權利受到政府的嚴重侵害，忍無可忍時，人民就有反抗的權利。如此看來，與其說洛克是爲革命之後的英國政府辯護，還不如說洛克是在借辯護之口宣揚他的自然權利論和現代自由論。究竟是誰在利用誰？還眞說不清楚呢！

彌爾這本名爲《論自由》的十九世紀之新版「政府論」，從表面上看，與洛克恰恰相反的，《論自由》的大部分篇幅討論的都是個人思想言論自由以及個性自由的重要性，而洛克《政府論》的大部分內容討論是政府權力以及立法權、執行權與對外權等政府的職權功能。所以，從這個層面上看，彌爾的《論自由》與洛克的《政府論》，其各自的論述主題皆很鮮明，相互之間的關係並不是直接對應的。但是，我爲什麼要把彌爾的《論自由》視爲新版或是十九世紀版的「政府論」呢？因爲，在我看來，彌爾看上去似乎滔滔不絕地談自由，但其核心思想和隱含的重要目的實際上是在論政府，在於限制政府以及與政府相關聯的「多數暴政」。正是在這裡，我們看到彌爾恰恰展現出了與洛克的激進主義相反的某種保守主義傾向，符合所謂保守自由主義的消極自由觀念，而洛克的自由觀念中則具有某種積極自由主義的色彩。換句話說，洛克談的是（構建）政府，核心卻是（保衛）權利（權利即是被視爲絕對 right 的那部分自由），彌爾談的是（捍衛）自由，核心卻是（限制）政府（在彌爾那裡，社會即是廣義的政府）。這樣，彌爾就從與洛克相反的邏輯方向上，深化乃至完善了洛克的「政府—權利」學說，形成了一種新的「自由—社會」學說，大大豐富了自由主義思想的理論內涵與解釋力度，更重要的是完整地因應了時代問題——限制政府權力，哪怕是具備基於權利論的正當性基礎的政府亦不例外。

我們知道，現代社會所要處理的一個關鍵問題，是嚴復所說的「群己權界」問題，嚴復將彌爾的「自由」（liberty）翻譯爲「群己權界」，是以中國自己的語言非常準確且實質性地把自由的精義表現出來。因爲中文的「自由」一詞，在傳統意義中並沒有「群己權界」的意思，英文的 liberty 一詞，作爲現代社會的核心意涵，關涉個人與他人尤其是個人與社會的關係，或者說關涉個人與「群」的權利（及權力）邊界問題。兩人以上就形成了群，群即社會，有了社會，就有了社會的 power（權力），政治也就出現了。所謂的「群己權界」指的就是 right 與 power 之間的 rule（規則）問題，這個群己權界就構成了自由的核心原則：一個社會的權力應該是一種基於規則的（具有正當性來源的）權力，其要義是通過劃分政府權界，尊重並保障每個個體之人的 right。但是，如何表述與處理 right、power、rule 三者之間的關係，聯繫到從古典社會向現代社會的演變過程，不同歷史時期的思想家又有著基於不同邏輯向度的展示和論證。彌爾《論自由》的中心之論，不在基於個人權利構建政府（洛克意義上的「政府構建與個人權利」），而在討論社會狀態下的自由（彌爾意義上的「民主社會與個人自由」），但其實質上仍是透過個人自由來界定政府（雖然這個「政府」，在彌爾那裡已經因民主政體的有序運作而大大地等同於社會），因此，相比於洛克基於論證政府權力來源的正當性來闡釋個人權利，彌爾論證的邏輯路向恰恰是相反的。

此外，彌爾所採用的邏輯方法論也跟洛克自然權利論不同，是一種基於知識眞理論的功利論。因爲英國經驗主義不承認絕對眞理，因此主張沒有誰能夠壟斷眞理，即便是具有正當合法性基礎的政府乃至社會本身，也都不例外。這就要求在追求眞理的過程中，爲思想言論自由提供廣闊的社會空間，進而在生活方式的選擇上也是如此，要爲個性自由發展保留出可供伸展的領地。《論自由》的前三章主要是正面論述思想言論自由、個性自由的原理，在第四、第五兩章，彌爾進入了對於自由原理的應用的分析，在我看來，這兩章才是全書的眞正落腳點——爲捍衛個人自由而劃定「群己權界」，其實也就是新版的「政府論」，要旨也就是限制政府以及社會權力，限制權力行使的方式、範圍以及強度，給那些可能是謬誤也可能是眞理的思想言論和個性拓展留下自由的空間，爲人性的內涵向更豐富化的發展創造條件，爲英國社會保持其活的生命力。彌爾的這個自由論顯然是一種典型的否定性自由的論證：免於……強制的自由。由此，我們可以說，彌爾從思想史上拓展了自由的內涵，liberty 在他那裡，不再僅僅等同於 right，甚至也不僅僅是複數的 rights，他的自由概念要比權利概念包含更多的內容。在群己權界的範圍內，每個人都有自由活動的空間，自由是否定性的，消極意義上的自由，這與洛克自然權利論意義上的積極自由是不同的，是洛克之後更深入的自由概念發展。基於這樣一種新的自由觀，對於政府以及社會權力的性質與功能，就需要一種新的認識與界定，這也是與洛克的《政府論》所不同的，而這也正是彌爾新版政府論的理論價值之所在。

彌爾的思想表現方式之所以與洛克不同，主要是因爲任何思想理論的發展都與其時代相關聯，彌爾所處的時代與洛克的時代相比，已經發生了重大變化。在洛克的時代，由於政治動盪，建立一個良性政府並爲其尋找正當性基礎，是當時的普遍訴求，雖然權利思想在英國傳統中源遠流長，但如何將權利思想用於支持政府構建並完成其理論表述，在當時並不明朗。所以，洛克擔當起這一歷史的重任，《政府論》的中心思想雖然是強調個人權利，但論述卻偏重於政府構建。而在彌爾的時代，政府的構建已不需要論證，具有正當性基礎的政府已經成爲事實，這樣一來，在人們習以爲常的政府狀態下，英國傳統思想中甚至洛克思想中的那些權利內涵，在沿著自由的方向向著更有生命力的、更具朝氣的前景拓展時（尤其是個人的思想言論自由）反而受到了輕視、壓制乃至懲罰。從洛克時代到彌爾時代，英國社會在經過一百多年的演變後，生命權、財產權、自由權等基本權利，毋庸置疑地被視爲政府權力的正當性來源。然而，在這樣的一種情勢下，個人思想言論的自由權、個性多樣性發展的自由權，乃至在本書中未得以展開，但在彌爾後來的著作中，有所闡述的個人經濟的自由權等等，它們雖都凸顯出來了，但卻受到政府、社會以及公共輿論等方面的壓制甚至打擊。而在彌爾看來，這些自由（liberty）恰恰是讓一個民族富有朝氣、永遠保持青春的最核心的東西，他爲日漸僵硬的英國政治法律制度感到憂慮，認爲它們有礙民族的健康發展，尤其是扼殺了民族的內在生命力。正是在這裡，彌爾更深一步地拓展了關於人的社會本性的學說，大大豐富了個人自由的內涵，彌爾筆下的自由已經與洛克筆下的財產權有了相當大的不同，他更爲強調思想言論乃至個性上的自由權。

彌爾在這本小冊子裡大談思想言論自由，以及與思想言論自由有著密切關係的個性自由，強調社會權力之於個人自由的限度。但是，我們不能因此就把彌爾關於個人自由的學說，跟洛克關於個人權利的論述對立起來，實際上它是洛克思想在經過百餘年社會演變之後的深化和拓展，是與新的社會形勢直接相關的新版「政府論」，洛克的「權利」（right）是彌爾「自由」（liberty）的前提，這一點毋庸置疑。在承認洛克理論的前提下，彌爾的問題是：建立在個人權利正當性基礎上的政府，就可以限制個人的自由發展？這是洛克之後的新問題。跟洛克一樣，彌爾的論證也有兩層邏輯，一層是自由論，另外一層是政府論，他的主旨要透過論證個人自由指向限制政府權力。他針對現代政府，哪怕是基於洛克權利論的現代政府，提出了新的政府論，即劃清政府（以及作爲政府後盾的社會）權力的邊界，這是他與洛克最大的不同。洛克的《政府論》是十七世紀英國早期現代的政府論，彌爾的《論自由》是十九世紀英國成熟現代時期的政府論。從約翰·洛克到約翰·彌爾，英國的自由主義思想大致經歷了一個從早期現代到成熟現代的轉折，彌爾是結束古典自由主義，開啓現代自由主義的先河。

前面我只是從西方社會轉型，尤其是英國社會及英國政治思想發展演變的脈絡，談了從洛克《政府論》到彌爾《論自由》因問題轉換導致思想傳承發展的一些相關問題，大體上圍繞著個人權利、個人自由、政府及社會權力邊界（規則）這些內容展開。上述所言對中國問題的昭示意義又在哪裡呢？

中國一百多年來的社會演變歷程，彷彿恰好相對應著由洛克和彌爾爲兩端的西方現代敘事：以兩個共和國成立爲大致時間端點的半個世紀，可以說正是我所謂的「洛克政府論階段」，不論表象如何紛亂，其終極訴求都是爲政府構建尋找正當性基礎，建立起憲政框架；歷經六十年尤其是以大陸改革開放爲重心的晚近三十年的社會變遷，又確實來到了我所謂的「彌爾新政府論階段」。並且在我看來，由於中國一百多年來社會政治發展演變的曲折甚至可說災難深重，又使得自由與權力問題更爲複雜，用我的話說就是，在二十一世紀的中國，面臨著雙重扭結的問題。一方面，我們依然還需要洛克的《政府論》，因爲基於個人權利的現代國家政府構建，並未經由一系列革命徹底奠定下來，權利論與契約論的憲政民主框架即現代國家政制構建還有待完成，這也正是我一再強調洛克理論仍然是我們這個時代所需要的原因所在。而與此同時，中國社會自身的發展卻不會停留在早期現代階段，而是迅速向成熟現代邁進，所以另一方面，我們就在還沒走完「洛克政府論階段」

的時候進入了「彌爾新政府論階段」，因而彌爾的《論自由》同樣成爲我們所必須。

這次通讀了孟凡禮君新譯的《論自由》後，我的有關早期現代之於中國的想法得到了進一步深化：在一個基本權利問題未得根本解決的社會情況下，如何捍衛已經凸顯出來的個人自由？尤其是思想言論的自由，從而保持這個民族的生命力，爲個人自由留出向縱深拓展的足夠的社會空間（這些東西正是彌爾所揭示出來的不同於洛克 right 的 liberty 的核心意涵所在）？在彌爾看來，最關鍵的就是限制政府權力，劃定它的界限，他反對政府乃至社會的輿論一律要求尊重個性自由，反對政府壟斷工業、壟斷人才（即使是透過全面公平的公務員考試遴選制度）。反觀中國，彌爾所指陳的那些問題可說是怵目驚心，權力邊界問題、政府壟斷問題、言論空間問題……訴諸我們親身的所見所感，比之十九世紀的英國，情況何其嚴重乃爾！請看：

> 如果公路、鐵路、銀行、保險、大型股份公司、大學以及公共慈善事業等等，所有這些都成了政府的分支；又如果城市自治會和地方議事會，連同目前所有交付它們管理的事務，都成了中央行政系統的附屬；如果所有這些不同事業的雇員都要由政府任命和支付薪酬，乃至終其一生每

一升遷都需仰賴政府；那麼，縱有再多的出版自由和民主的立法機關，都不足以使英國和其他國家變得眞正自由，除了徒具自由之名而已。並且行政機器的構建愈是科學有效，即其網羅最優秀人才來操縱這架機器的辦法愈是巧妙嫻熟，其爲患也就愈大。

……一切自由民族都應如是；而能夠如是的民族也必是無往而不自由的；這樣的人民永遠不會因任何人或任何團體能夠控馭其中央政府，就甘心讓自己受他們的奴役。也沒有任何一個官僚機構能夠指望，可以讓這樣的人民去做或遭受任何他們所不願意的事。然而，在各種事務都要由官府包攬的地方，任何爲官府所決意反對的事情都根本不可能作成。此類國家的體制，不過就是將通國的能人才士，都組織進一個紀律森嚴的團體，以此來統御其餘人眾；其組織本身愈是完善，其從社會各界吸納和規訓最優秀人才的作法愈是成功，其對包括官府成員在內的所有人眾的束縛就愈是徹底。因爲統治者自己也成爲其自身組織和紀律的奴隸，就像被統治者是統治者的奴隸一樣。

從長遠來看，國家的價值，歸根結柢還是組成這個國家的個人的價值；一個國家爲了在各項具體事務中使管理更加得心應手，或爲了從這種具體實踐中獲取更多類似技能，而把國民智力拓展和精神提升的利益放在一旁；一個國家爲了要使它的人民成爲它手中更爲馴服的工具，哪怕是爲了有益的目的，而使人民渺小，終將會發現，弱小的國民畢竟不能成就任何偉業；它爲了達到機器的完善而不惜犧牲一切，到頭來卻將一無所獲，因爲它缺少活力，那活力已然爲了機器更加順利地運轉而寧可扼殺掉了。

……………

在這些文字中，我們彷彿看不到十九世紀的英國，而完全是我們當前的問題。彌爾所指陳的公共權力對言論自由和個性發展的限制，尤其是權力漫無邊界的問題，何以在跨越了一百五十年之後，仍然讓我們身受而感同？由此可見，一部眞正偉大的著作，所謂的經典，固然是源於作者生存時代與地域的問題激發，但其思想價值完全可以超越它的時代和它的地域，而具有某種程度的普遍性或普世性意義。就彌爾這部《論自由》來說，它所確立的有關自由的論述，它對於政府職權的界定，已經遠遠超出了十九世紀的英國，而爲任何一個走向現代社會的文明國家和公民個體所認同，並由此激發他們追求自由的心聲。所以我認爲，在當今的中國，我們不僅需要洛克，同時也需要彌爾，我們需要兩個版本加起來的政府論與自由論，因爲這兩個政府論與自由論所分別討論的問題在中國都沒有得到解決，甚至日益嚴重而迫切。

作爲讀者，我們依然有必要讀洛克，讀彌爾，因爲他們的著作不僅僅是學問之作，也是思想之作，不僅僅是歷史之作，也是現實之作。他們提出的問題與當今中國人的自由生活密切相關，他們就是寫給我們讀的，說給我們聽的。一個能夠思考自由與政府的民族才可能成爲一個眞正成熟的政治民族。所以，朋友們，讀書吧！

高全喜

二〇一〇年秋於北京

目錄

本書所展開的每一個論證，都直接指向一個總體的首要原則：人類最爲豐富的多樣性發展，有著絕對而根本的重要性。

——威廉・馮・洪堡：《政府的界限與責任》

獻辭

謹以此書獻給我的妻子，以表達我對她的深深愛意和哀痛懷念——她是我的妻子，更是我的朋友，是我所有優秀之作的啓發者和共同作者，她以對眞理和正義的高超領悟給了我最有力的激發，她的嘉許是我最好的報酬。正如多年來我的其他著述一樣，本書既是我的作品，也是她的作品；但是，就本書的目前狀況來說，已無法充分收到她的修改可帶來的無法估量的益處；很多重要章節本來還有待她更爲細心地詳審改訂，只可惜這種助益再也無緣收到了。她的偉大思想和高貴情感已隨她深埋地下，如果我有能力將其向世人說出一半，我寧願做一個仲介者，比之我未經她啓發和幫助所能寫的任何東西，她那幾乎無可匹敵的智慧都更有益於人類。

第一章　引論

這篇論文的主題，不是所謂的意志自由（即那個與被誤稱爲「哲學必然性」的信條，不巧恰相對立的東西），而是公民自由或曰社會自由，也就是社會所能合法施加於個人的權力的性質和限度。這個問題很少有人簡明易懂地說明過，甚至幾乎從來沒有人如此討論過，但是它卻以潛在的方式深深影響著當代實際的爭論，並且恐怕很快就會被認做是將來的重大問題。它遠非什麼新的問題，從某種意義上說，它幾乎自遠古以來就讓人類有了分歧，不過隨著人類比較文明的一部分進入到進步時代，它又在新的情況下呈現出來，而且要求人們給予不同且更爲根本的解決。

自由與權威之間的鬥爭，在我們最早熟知的部分歷史中，特別是希臘、羅馬和英國的歷史中，就是最爲顯著的特徵。但在過去，這樣的鬥爭發生在臣民或臣民中的某些階層與政府之間。那時的自由指的是對政治統治者暴虐的防範，統治者被認爲必然與其所統治的人民處於相敵對的位置（希臘的一些平民政府除外）。統治者不管是一個大權在握的個人，還是實際掌握統治權的某個部族或階級，其統治權威不管是得自於繼承，還是來自於征服，無論如何，其掌握權力不是出自被統治者的意願。人們不敢甚至不想對統治者的至上權威提出異議，充其量只是採取各種措施戒備暴政的實施而已。統治者的權力被認爲是必要的，但也是高度危險的，因爲作爲武器它不僅可以用來抵禦外敵，還會被用來對付其臣民。這就好比在一個群體中，爲了保護更爲弱小者免遭無數禿鷹捕食，有必要由一個比其餘者都更強的鷹王受命進行統御。但是這個鷹王對群體的戕害實不亞於那些小一號的貪婪者，於是群體又不得不對鷹王的尖嘴利爪時刻加以提防。因此，愛國者的目標就是，在必須容忍統治者向群體施用權力的同時，爲之設置某些限制，這些限制就是他們所謂的自由。可用的限權之法有兩個：其一，讓某些可稱之爲政治自由或政治權利的豁免權獲得認可，統治者若侵犯這些自由或權利即被視爲無道，一旦其眞的有所侵犯，人們的個別抵制或普遍抗爭就被認爲是正當的。其二，一般說來是比較晚近的作法，即憲政制衡的確立，使得統治權力某些重要措施的實施，要以得到群體或被認爲是代表群體利益的某種團體的同意爲必要條件。上述第一種限權方式，曾在多數歐洲國家裡迫使統治權力或多或少有所屈服。第二種卻未能如此；因而實現這一限制，或者在部分實現後求其更加徹底，成了各地熱愛自由之士的主要目標。而且，只要人類還滿足於以一個敵人來對抗另一個敵人，還滿足於在保證或多或少能有效對抗其暴政的條件下，接受一個主人的統治，人們就還沒有超越於此的抱負。

但是，人類事務已進步到這樣一個時代：人們對於統治者應該成爲獨立的權力而與人們自身利益相對立，已經不再認爲有本質上的必要了。如果能讓國家的各級官吏成爲人們的承租人或代理人，可以隨他們的意願而撤換，看起來要好得多。似乎只有用這種方式，他們才能獲得完全的保障，使得政府權力永遠不會被濫用而損害他們的利益。凡有平民政黨存在的地方，這種選舉短任統治者的新要求，都逐漸成爲他們尋求的重要目標，並且在相當程度上取代了此前尋求限制統治者權力的努力。隨著這種鬥爭（即統治權力要出自被統治者定期選擇）的推進，一些人開始認爲從前倒是過於重視限制權力本身的問題，那（看來似乎）只是對付與被統治者利益常相違背的統治者的辦法；現在需要的則是要求統治者與人民合爲一體，統治者的利益和意志就應該是國民的利益和意志。國民毋須防範自身的意志，毋須擔心它會向自身施虐。只要能切實讓統治者對民意負責，可據民意及時撤換，國民就可以將能夠自主行使的權力託付給他們。他們的權力即是國民自己的權力，只不過是經過集中並賦予了便於行使的形式罷了。這種想法，或毋寧說這種感覺，在上一代歐洲自由主義中相當普遍，至今在大陸的自由主義中仍然占據著顯著優勢。如今在大陸政治思想家中，除了他們認爲某些政府根本不該存在外，那些主張對政府可做之事應加以限制的人，可說是鳳毛麟角了。在我們自己的國家中，如果一度催生過此種想法的情勢始終未變的話，同樣的論調也可能至今仍在盛行。

但是，政治理論和哲學理論，也跟人一樣，常常因成功而把失敗所能遮掩的錯誤和缺陷暴露出來。當平民政府還只是一個夢想，或者還只是作為見諸史書的遠古遺事之時，毋須限制人們施於自己的權力似乎就是不證自明的公理。即便是法國大革命中那些暫時的越軌行為也並沒有根本動搖這一觀念，那種情況最壞也就是少數僭越者的行為，並且那無論如何都不屬於民主政體的常態運作，而是民眾反抗君主和貴族專制的驟然而癲狂式的爆發。然而，當一個幅員廣闊的民主共和國最終雄踞地表，並且被視為世界民族之林最強大的成員之一時，民選的責任政府作為一個重大的既存事實，就成為觀察和批評的對象。人們開始察覺所謂的「自治政府」與「人民自我治理權」等名詞並不能反映事情的眞實狀態。行使權力的「人民」和權力所施對象的人民並不總是一樣的；所謂的「自治政府」也不是每個人自行治理自己的政府，而是每個人受所有其他人治理的政府。而且，人民的意志實際上只是大多數人的意志，或者是人民中最活躍的一部分人的意志；所謂多數，或者不如說只是使他們自己成功地被接受為多數的那些人而已；結果就是，人們也會要求壓迫總體中的一部分人。因而，對這種情形的防範，就如同對其他各種權力濫用的防範一樣不可或缺。因此，即便是掌權者定期向群眾，或更確切地說向群眾中最強大的派別負責，限制政府施於個人的權力也絲毫沒有喪失其重要性。這種觀點，既投合了思想家的智慧，又符合歐洲社會中某些眞正利益或假想利益都與民主政治相違的重要階級的偏好，因而不難樹立起來；在政治思想中，現在一般已把「多數者暴政」[1]看做是社會應該有所戒備的禍患之一了。

人們最初並且仍然庸俗地認爲，多數者暴政之所以像其他暴政一樣可怕，主要是因爲它是透過公共權力的措施來施行的。但是深思之士已經察覺到，當社會本身就是暴君時，即當社會集體地凌駕於組成它的個別個體之上時，暴政的實施就並不限於借助政治機構之手而行的各種措施。社會能夠並且確實執行自己的命令，而如果它執行了錯誤而非正確的命令，或者對它根本不應干涉的事務發號施令，那麼它便是實行了一種比其他各種政治壓迫更爲可怕的社會暴政。它雖然不常以嚴厲的懲罰爲支撐，但卻由於更深入地滲透到了人們生活的細節之中，甚至束縛了人們的心靈本身，從而使人們更加無法逃脫。因此，僅僅防範各級官府的暴政是不夠的，還需防範優勢意見和大衆情感的暴政，即防範下述這樣一種傾向：社會即便不用民事懲罰，也有辦法將自己的觀念和做法當作行爲準則強加於異見者，束縛與自己不相一致的個性發展，甚至有可能遏止其形成，從而使所有人都必須按照社會自身的模式來塑造自己。集體意見對於個人獨立的合法干涉是有一個限度的。發現這一限度並維護其不受侵蝕，對於使人類事務進至良善之境來說，正像防範政治上的專制一樣，是不可或缺的。

雖然一般說來對這樣的主張不會有多少爭論，但要將其付諸實踐，則問題是究竟將這個界限設定在哪裡，也就是如何在個人獨立與社會控制之間做出恰當的調整，這幾乎是一切留待解決的工作主題。任何人之所以會覺得生存可貴，端賴他人行為已被施予一定的約束。因此，首先必須要由法律規定一些行為準則，並且在那些尚不適合由法律規範的事情上，還要讓社會輿論去裁奪。這些準則究竟應該是什麼，是所有人類事務中最緊要的問題，但是除了一二最明顯的事情，這也是人類在解決之途上最乏進展的問題之一。沒有兩個時代，也很少有兩個國家對此有相同的規定，一個時代或國家的規定在另一個時代或國家看來也許會頗感詫異。可是任何一個特定時代或國家的人們，對此又好像從未覺得有何疑難，彷彿它是一個人類從來就見解一致的問題。人們把從自身生活中得來的規則視為不證自明和理所當然，這種幾近普遍的錯覺，只是習俗神奇魔力的例證之一；習俗豈止如諺語所云是人之第二天性，簡直一向就被錯認為第一天性。在防止人們對人類相互強加的行為準則發生任何疑問上，習俗的效力可說是更加徹底，因為這是一個一般認為沒有必要給出理由的問題，無論是一個人對另一人，還是一個人對他自己。

人們習慣於相信，而且那些自比爲哲學家的人也鼓勵人們相信，在這種性質的問題上，感情總是勝於理性，遂使一切理由變成多餘。人們關於人類行爲規範的意見，實際的指導原則乃是每個人心中都有的這樣一種感情，即他和他的同道者希望人們怎麼做，人人就該怎麼做。的確，沒有人肯坦承他的判斷標準只是他的喜好；而對某種行爲的意見如果沒有理由做支撐，就只能視爲個人的偏好；又如果理由僅僅是別人也有同樣的偏好，也不過是以衆人的喜好代替個人的喜好而已。但是，對於一個普通人來說，在道德、品味、禮節等他的宗教信條並沒有直接表述的諸多方面，甚至在解釋它們的主要指南上，他個人的偏好能得到衆人相同偏好的支援，不僅是一個令人滿意的完美理由，而且一般說來還是其唯一的理由。看來，人們有關毀譽褒貶的意見，不免要受到各種各樣理由的影響，而且它們無非就是那些影響著人們對他人行爲的意願，以及同樣多的決定著人們對其他任何事情意願的各種理由。有時人們的理由（甚至有的時候不過就是他們的偏見或迷信）常常就是他們的社會情感，或那些並不罕見的反社會情感，諸如羨慕或嫉妒、傲慢或輕蔑等等；而最常見的則是人們自己的喜懼好惡——也就是其正當的或不正當的一己之利。無論哪一個國家，只要存在著一個上流階級，這個國家的道德原則大部分就會源自這個上流階級的階級利益和階級優越感。如古代斯巴達人和希洛特農奴之間，今日種植園主與黑人奴隸之間，王侯與臣屬之間，貴族與平民之間，乃至男女之間，其道德情操大部分都是這些階級利益和優越感的產物。而且它一經生成，就會反過來影響上流階級成員相互關係間的道德情感。另一方面，若是從前的上流階級喪失了其支配地位，或支配地位不再受歡迎，風行的道德準則常常就會表現出對那種優越的無比反感。此外，關於法律或輿論所決定的行爲準則，無論是許可還是禁止什麼行爲，還有一個重大的決定性原則，那就是人類對他們現世主人或所奉神祇意中好惡的屈從。這種屈從雖說本質上是自私的，但卻不是虛僞的，它能生出某種絕對眞實的憎惡之情，以致可以使人們去燒死術士和異端。在衆多更爲基礎性的影響力量之中，普遍而明顯的社會關切，在道德情操的走向上當然起著一份而且是很大一份的作用，但是這與其說是出於理性或社會關切自身，不如說是從中產生的同情或反感的結果，同情或反感對社會關切幾乎沒有什麼影響，但在道德情操的確立上卻有著十分重大的作用。

社會的好惡，或社會中強勢群體的好惡，就這樣成爲實際決定社會規則的主要依據；而這些規則要求人們普遍遵守，否則就要施以法律或輿論懲罰。而且一般說來，那些在思想和感覺方面都走在社會前面的人，也未從原則上對這種情形提出批評，儘管在某些細節方面會和它發生衝突。他們更願意過問社會的好惡應該是什麼，而不去追問何以社會的好惡應該成爲個人必須遵守的律條。他們寧可在自己就是異見者的某一具體點上盡力去改變人們的看法，而不願聯合所有異見者同心協力來捍衛自由。我們僅能從宗教信仰的事例中看到，各處都有絕非個別之士在原則上採取更高的立場，並維持其一以貫之。這種情形具有多方面啓示意義，尤其是它再明顯不過地說明了所謂是非感的易錯性：因爲對一個眞誠的篤信者來說，對異教的憎惡是其道德情感中最不容含糊的。在不能容忍宗教觀念的分歧上，最先起來衝破所謂「普世教會」束縛的那些人，總的說來跟其所反對的教會毫無二致。但是當激烈的衝突平靜下來之時，沒有哪派取得完全勝利，各教會或宗派都退而尋求保持既有的領地；少數派鑑於自己沒有機會成爲多數，不得不轉而請求他們無法改變的人們允許分歧。然而也僅僅是在這一鬥爭領域，個人反對社會的權力才在原則上理直氣壯地得到宣揚，社會向異見者施以權威的要求也受到了公開辯駁。那些爲世界爭得宗教自由的偉大著作家，大都主張良心自由是不可剝奪的權利，完全不承認一個人應該爲其宗教信仰向他人負責。但是人類在自己眞正關切的事情上不能容忍異見實是天性使然，因而宗教自由實際上很少在什麼地方得到實現，除非把那些對宗教事務漠不關心，不喜歡無休止的宗教爭端打擾其寧靜的地方也算在內。甚至在最寬容的國家裡，幾乎在所有信教者心中，承認寬容義務的同時都暗中有所保留。有的人可能會容忍對教會治理的不同意見，但卻不能容忍對教義的不同看法；也有的人會寬容任何人，只要對方不是天主教徒或一位論（Unitarian）教徒；有的人能寬容相信天啓信仰的每一個人；甚至有少數人懷著更爲廣闊的寬容胸襟，但其範圍卻不出對上帝和天國的信仰。無論哪裡，只要多數人的宗教情感仍是眞切而強烈的，即會發現要求從衆的呼聲就不曾稍有減弱。

在英國，由於政治歷史的獨特情形，跟大多數其他歐洲國家相比，儘管輿論上的壓力可能較大，但法律上的束縛卻相對較輕。人們一向相當仇視立法和行政權力對個人行爲的直接干涉，這倒不是出於對個人獨立的合理尊重，而是出於一直延續下來的習慣視政府利益常與公衆相反。多數人還沒有學會把政府的權力視爲自己的權力，把政府的意見視爲自己的意見。一旦他們這樣做，個人自由就將會受到政府的侵犯，就像其在公衆輿論中已然的遭遇一樣。但是，就目前來說，如果法律企圖控制個人迄今爲止還不習慣受法律控制的事情，則從人們的情感上將有相當多的人準備群起反對，而這並不是出於對事情是否屬於法律合理控制範圍的分辨。因此，人們的這種情感從整體上來看固然十分有益，但在應用於特定事例時，錯誤運用與正確運用的機率，幾乎是一樣的。實際上，關於政府何事當問，何事不當問，並沒有一個公認的原則，人們只是根據個人喜好來決定。有些人無論何時看到一利當興，又或一弊當革，便很自然地希望政府有所承攬；而有些人則寧可忍受幾乎一切社會苦痛，也不願意在要受政府控制的人類利益部門中，再增添一個新的項目。在任何特定的事情上，人們都會把自己歸入這一派或那一派，或依據他們感情的一般傾向，或依據假設事情由政府來做時他們可能的得益程度，或依據政府會不會以他們所喜歡的方式來爲之推斷，但極少是出於什麼事情乃適宜由政府去做的某種一以貫之的意見。在我看來，由於缺乏應有的規矩或原則，目前這一派與那一派都同樣常常出現失誤，對於政府干預，不是錯誤地請求，就是失當地譴責。

本文的目的即是要力主一條非常簡明的原則，若社會以強迫和控制的方式干預個人事務，不論是採用法律懲罰的有形暴力，還是利用公衆輿論的道德壓力，都要絕對遵守這條原則。該原則就是：人們若要干涉群體中任何個體的行動自由，無論干涉出自個人還是出自集體，其唯一正當的目的乃是保障自我不受傷害。反過來說，違背其意志而不失正當地施之於文明社會任何成員的權力，唯一的目的也僅僅是防止其傷害他人。他本人的利益，不論是身體的還是精神的，都不能成爲對他施以強制的充分理由。不能因爲這樣做對他更好，或能讓他更幸福，或依他人之見這樣做更明智或更正確，就自認正當地強迫他做某事或禁止他做某事。如果是要對他進行告誡、規勸、說服乃至懇求，這些都可以作爲很好的理由，但就是不能以此強迫他，甚或如果他不這樣做就讓他遭受不幸。要使強迫成爲正當，必須認定他被要求禁止的行爲會對他人產生傷害。任何人的行爲，只有涉及他人的那一部分才必須要對社會負責。在僅僅關涉他自己的那一部分，他的獨立性照理說來就是絕對的。對於他自己，對於其身體和心靈，個人就是最高主權者。

也許毋庸贅言，這個自由原理僅是爲各項能力已臻成熟的人們而設的，並不適用於孩子，或法定成人年齡之下的年輕人。對於那些還需由別人照顧的人來說，必須像防禦外部傷害一樣防範他們自己的行爲。基於同樣的理由，我們可以忽略那些其種族自身尚可被視爲未成年的落後社會狀態。在人類自發進化的過程中，早先困難異常艱鉅，因此人們對克服困難的手段幾乎沒有選擇的餘地，由一個富有進取精神的統治者，使用某些權宜之計去實現不如此也許就不能實現的目標，就是合情合理的。對治理野蠻人來說，只要目的是爲了改善他們的狀況，而且所用手段也已由實際結果證明是正確的，那麼專制就是合理的政府模式。只要人類還處在沒有能力透過自由平等的討論取得進步的狀態，自由作爲一項原則就無從應用。在此之前，如果有幸遇到阿克巴或查理曼式的君主，人們唯一能做的就是絕對服從。但是，一俟人類已經有能力透過說服或勸告來引導人們自行改善（我們這裡需予以關注的所有民族都早已達到這個階段），爲了人們自己的好處而採取強制的辦法，無論是使用直接的形式還是對不服從加以刑罰，就不再是可接受的了，除非是爲了他人的安全，才可以視爲是正當的。

應當說明的是，對於任何與功利完全無關的抽象權利概念，即便其有利於我的論點，我也一概棄而未用，因爲我把功利視爲一切倫理問題上的最終歸宿。但這裡的功利是最廣義的，是基於作爲不斷進步之物的人的長遠利益而言。我所力辯的是，僅當每個人的行爲事關他人利害時，這種利益才有權要求個人的自主性服從外部控制。如果一個人做了傷害他人之事，顯然就有初步的理由讓他受到法律的懲罰，或在還不太適宜由法律懲罰時訴諸輿論的譴責。也有很多有益於他人的積極行動，可以正當地強制推行，諸如出庭作證，爲共同防禦外敵或他託庇於其中的社會所必須的其他任何聯合行動公平分擔義務；某些對個人有益的事也可以強制推行，諸如挽救同胞生命、挺身保護無力自衛的人不受虐待等等；這些事情無論何時顯然都是一個人有義務去做的，如果他沒有做，社會就可以理直氣壯地要求他負責。一個人不僅可以因有所行動可能引起對他人的傷害，也會因不行動而有同樣的結果，對這兩種情況他都應當對他所造成的傷害負責。不過，對於後者施行強制應比對前者更需謹慎。一個人因做了傷害別人的事而被要求必須負責，這是規則；而因沒能防止傷害而要其負責，相對來說就是例外，因爲尚有許多足夠明顯和足夠重大的事由證明例外是正當的。在個人與外部發生關係的所有事情上，從法理來說，他都應該對與之有利害關係的那些人負責，並且如有必要，還要對作爲他們保護者的社會負責。也常常有很好的理由可以免除個人的責任，但是必須是出自具體事件上的便利之計；或是因爲這類事情如果用社會權力所擁有的任何控制方式來控制，反倒不如讓他自行謀劃，大體上會更好；或是若試圖施加控制，可能產生的惡果會比所要防止的還要大。當一個人因這些理由而免除了責任之時，個人的良心就須坐上空缺的裁判席，保護缺乏外部保障的他人利益不受侵害；而良心對自己的審判要更加嚴格，因爲這種情形下無法要求他對同胞的裁判負責。

　　但是在某個行動範圍之內，區別於個人而言的社會，在其間僅有（如果眞有的話）間接的利害關係；在這個範圍內，全部的個人生活和行爲僅對他自己產生影響，即便也影響了他人，仍僅僅是因爲他們自由自願且不受欺騙地同意和參與了。我這裡說的僅只影響他自己，指的是直接的和最初的[2]：因爲若說起來，任何影響自己的事情都可能會透過自己影響他人；那樣的話，凡基於這種意外之果的反對意見最終就都需加以考慮了。因而，這個範圍就是人類自由的適當範圍。它包括如下幾個方面：首先，是人類內在的意識領域的自由：它要求最廣義的良心自由，思想和情感自由，對舉凡實踐、思想、科學、道德、宗教等所有事物的意見和態度的絕對自由。發表和出版意見的自由可能看起來應歸於不同的原則，因爲它屬於個人行爲關涉他人的那一部分；但是因爲發表出版與思想本身幾乎同等重要，並且所依據的理由又大都相同，所以實際上是無法將它們分開的。第二，這個原則要求品味和志趣自由：自由地根據自己的特性規劃生活，做自己喜歡做的事並願意承受一切可能的後果；只要我們的行爲不傷及他人就不受人們干涉，即使在他人看來我們所行是愚蠢的、乖張的或錯誤的。第三，由個人自由可以推出在同樣限制內的個人聯合的自由：人們可以在不傷害他人的任何目的下自由聯合，但參加聯合的人必須是成年人，並且不受強迫和欺騙。

大體說來，如果一個社會不尊重這些自由，無論其政體形式是什麼，都不能算是自由的；又如果這些自由不能絕對無條件的存在，社會也不能算是完全自由的。唯一名副其實的自由，是以我們自己的方式追求我們自身之善的自由，只要我們沒有企圖剝奪別人的這種自由，也不去阻止他們追求自由的努力。無論在身體、思想還是精神的健康上，每個人都是他自己最好的監護人。對比被強迫按照他人以爲善的方式生活，人們彼此容忍在自己認爲善的方式下生活，人類將獲得更大的益處。

儘管此原理並非什麼新的東西，而且對一些人來說還可能有些老生常談的味道，但是還沒有任何其他信條，比它跟當前輿論和實踐的普遍趨向更直接相反了。社會一直盡其所能地企圖（按照它的見解）強迫人們遵從它對於個人完善的定義，正如它強令人們認同它對社會完善的定義一樣。古代的共和國認爲自己有權透過政府當局對一切個人行爲實行管理，並且古代的哲學家也都同意政府這樣做，理由是每個公民個體的整個身體和智力訓練都跟國家有著深刻的利害關係。對於一個強敵環伺的小共和國，以其一直處於被外敵攻擊和內部混亂顛覆的危險，甚至幹勁和自制的短暫放鬆都可能致命的緣故，無暇等待恆久有益的自由之效生成，這種思想倒還可以接受。在現代世界，政治共同體的規模擴大，尤其是精神權威與世俗權威的分離（把對人的良心事務的管理交給了有別於那些控制世俗事務的力量），防止了透過法律如此大規模地干涉私人生活的細節。但是道德壓迫的機器卻更爲有力地阻止著在事關個人的事務上與正統觀念發生偏離，甚至比它在社會問題上還要嚴重。宗教這種對道德情操形成起著最重要作用的力量，幾乎不是一直被教階集團企圖控制人們一切行爲的野心所操控，就是被清教主義的精神所操控。而且，一些在反對舊教中起著最重要作用的現代改革者，他們對精神統治權利的強調一點也不比某些教會和教派差。尤其是孔德，在他的《實證政治體系》一書中，主張建立一種社會凌駕於個人之上的專制社會系統（儘管更多是透過道德而非法律手段），已經超出了古代哲學家中最嚴酷的紀律主義者所能設想的任何政治理想。

除了某些個別思想家的特別論調，世界上也大量出現了一種日益增長的傾向，即透過輿論的力量甚至立法的手段，使社會權力向個人不當拓展。並且因爲世界上正在發生的所有轉變的趨勢，都加強了社會的權力而削弱了個人的力量，這種侵蝕已經不是一種可以自然消失的禍害了，而相反地增長得愈來愈難以對付了。不論作爲統治者還是作爲公民同胞，人類想把自己的意見和偏好強加給他人當做行爲準則的傾向，都受到了人性中所難免的一些最好和最壞情感的有力支持，所以除非力量不夠，它幾乎不受任何限制；並且因爲社會權力不是在衰退而是在增長，除非在人們的道德信念方面樹立起一道有力屏障，來阻止這項危害，否則在目前的世界情勢下，我們只能看著它繼續增長下去。

爲了便於論述，我們先不立即進入一般的主題，而是首先只就其中一個分支加以論證，以表明這裡所陳述的原則如果不是全部，也可以在某一點上被通行的觀念認可。這個分支就是思想自由，以及不可能從中分離出來的同源的言論和寫作自由。儘管這些自由，在那些承認宗教寬容和自由政體的所有國家裡，已經在相當程度上成爲政治道德的一部分，但支撐它們的哲學和實踐依據，可能並不像我們所期望的，爲一般人的思想所盡爲熟悉，甚至爲一些意見領袖所徹底理解。這些依據，只要能予以正確理解，就可以得到比單單用於此一分支更爲廣泛的應用；並且對這一部分的問題徹底考察，也將是對後文最好的引導。對某些人來說，我所要講的可能毫無新奇，因此，請原諒我在這個三百年來一直探討不斷的主題上斗膽再來論辯一番。

注釋

【1】見托克維爾：《論美國的民主》（*De la Démocratia en Amérique*），第二卷，第一四二頁。——原編者注；參見中譯本《論美國的民主》，上卷，董果良譯，商務印書館，一九八八年，第二八七頁。——譯者注

【2】意即非派生的。——譯者注

第二章　論思想言論自由

正如人們所希望的，如今這個時代，對於出版自由作爲防範腐敗或暴虐政府的有效手段之一，已沒有任何爲之辯護的必要了。可以這樣說，如果一個立法或行政機關，不與民眾利益相一致，而欲將意見指示給民眾，並且規定哪些見解或言論才允許人們聽到，其勢不可行，肯定是毋須爭辯而後已了。再者，前輩著作家對這一問題多有論辯並且已使之如此成功推進，所以這裡更毋須再特別強調。雖然英國關於出版的法律，直到今天仍像都鐸時代一樣不自由，但除非偶因一時恐慌，大臣和法官們害怕叛亂以致驚慌失措，它幾乎沒有實際用來反對政治討論的危險[1]；而且一般說來，在立憲國家，無論政府是否對人民負全責，都不必過慮於它會經常對意見表達施加控制，除非它使自己作爲代表一般公眾不復寬容的機構，才敢這樣做。因此，讓我們相信，政府跟人民已是完全合一的，並且除非它認爲是出於人民的意思，否則就不會動用任何強迫的權力。但我所要反對的卻正是人們施加此種強迫的權利（right），無論它是由人們自己還是由他們的政府來實行，這種權力本身就是不合法的。最好的政府也不比最壞的政府更有資格這樣做。以符合公眾意見來使用強迫，跟違反公眾意見來使用它，同樣是有害的，甚或是更有害的。如果整個人類，除一人之外，都持有一種意見，而只有那一人持有相反的意見，人類也沒有更好的理由不讓那個人說話，正如那個人一旦大權在握，也沒有理由不讓人類說話一樣。如果一項意見只是一件個人財產，除持有者外對別人毫無價值，那麼即便剝奪對它的享用只是一樁個人傷害，而所傷者或衆或寡猶有不同。但是禁止一種意見的表達，其獨有的罪惡之處在於，它是對包括當代人與後代人在內的全人類的剝奪；並且這種剝奪對那些不同意這種意見的人，比對持有這種意見的人甚至更大。如果被禁止的意見是正確的，那麼人們便被剝奪了以正確矯正錯誤的機會；如果它是錯誤的，那麼人們便損失了幾乎同樣大的益處，因爲經過眞理與謬誤的碰撞，會讓人們對眞理有更清晰的體會和更生動的印象。

有必要對這兩個各自對應著不同論據的論點分別予以考察：一是我們永遠不能確定我們所竭力要禁絕的意見是錯誤的；二是即便我們可以確定其錯誤，禁絕它仍爲過錯。

首先來看第一種情況：權威企圖壓制的意見有可能是正確的。當然欲壓制它的那些人不承認它的正確性，但他們絕不可能永遠不錯。他們無權爲全人類決斷是非，也無權排除所有其他人的判斷方式。因爲他們確定一個意見是錯誤的，就拒絕聽取，這就是把他們的確定性等同於絕對的確定性了。任何禁止自由討論都是認定了自己絕對無誤。或許基於這個普通理由，且並不因爲普通就算不上好的一個理由，就可以讓這種作法服其罪錯。

不幸的是，以人類的自知之明而言，他們遠沒有把自己易錯的事實，像理論上一直可以的那樣運用到實際判斷。人人都深知自己是可能犯錯的，卻很少有人認爲有必要爲自己的易錯性留出預防的餘地，或者願意接受假定自己所深以爲然的某一意見，可能就是他們所承認的易於犯錯的事情之一。專制君主或習慣於讓人無限服從的人，幾乎在所有事情上都會對自己的意見表現得如此自大。而一般人倒是更爲幸運，他們能不時聽到不同於己的意見，犯了錯也願意不時有人來糾正，然而人們在自己的意見上，卻無時不仰賴於周圍之人或自己素所敬服之人的共同認可：這正是因爲人們對自己單獨的判斷缺乏自信，因而就常常毫不猶疑地求助於所謂「世界」通行的絕對正確性。對每個個體來說，所謂世界不外乎與他有密切往來的那一部分人：不出其黨、其派、其教以及其社會等級；能將這一範圍擴大到自身所屬國家和所處時代的人，相對而言可稱是開明或大度了。這種對集體權威的信賴，未曾因其意識到異代、異國、異黨、異派、異教和異等社會階級有過或仍有正好相反的看法，而根本有所動搖。他把站在正確一邊反對異己世界的責任全都攬到自己的世界上了；殊不知決定他在這無數世界中選中某一信賴對象的僅僅是一個偶然，同樣的因由，能使他在倫敦成爲教士，也能使他在北京成爲一個釋者或一名儒士。然而有一點是自明的，也正像無數證據所表明的，時代並不比個人更少犯錯；每個時代都有很多意見被後世視爲錯誤甚至荒謬，現在通行的很多確定不移的意見，也將被後世所拋棄，正如一度通行的意見被現在所拋棄一樣。

這個論點可能會招致如下方式的反駁：禁止散布錯誤，跟公共權力依據自己的判斷和責任所做的其他任何事情一樣，並沒有過分地自認顚撲不破。人被賦予判斷之能，就是要使之得以應用。豈能以判斷可能被誤用，就告知人們根本不該使用？禁止人們認爲有害的事情，並未聲稱根絕錯誤，而是在履行人們義不容辭的義務，雖明知判斷可能有誤，也要本著自己的良心去行事。如果我們因害怕會出錯，就從不依照自己的意見行動，那我們豈不是要漠視一切自身利害，廢棄一切自身義務？一個針對所有行爲泛泛而論的反對理由，肯定不能有效地用以反對任何具體的特定行爲。政府和個人有義務形成他們能夠愼重形成的最正確的意見，並且在對正確性有十足的把握之前絕不施之於人。但是當人們確知自己正確無誤（當然只是這些推論者會認爲的），卻因爲過去不甚開明的時代曾經壓制的一些意見如今已經成爲人們所信奉的眞理，便害怕不前，竟從自己的意見上退縮，允許他們打心底認爲會危害人類福祉的信條在今世或後世不受限制地傳播，這乃是不負責任的怯懦之舉。也許有人會說，讓我們愼之再愼，不要再犯同樣的錯誤；但是政府和國家在其他事情上所犯錯誤多矣，而人們並不因此就否認其適合執掌權威：即便他們曾經橫徵暴斂、窮兵黷武，我們豈可因此就禁止收稅或者無論面對任何挑釁都不准征伐？人們和政府都必須以他們所能達到的最好程度去行動。雖然世界上不存在絕對確定性這回事，但是有足以滿足人們現世生活目的的把握。因而，我們可以而且必須認定，我們的意見能正確地指導自己的行爲；當我們禁止壞人傳播我們認爲錯誤和有害的意見來敗壞社會，已不再是對絕對無誤的妄加認定了。

而我的回答是，這恰恰更是對絕對無誤的妄自認定。因爲，認定某一意見正確乃是因它在一切與之競爭的場合中都未被駁倒，與認定它正確乃是因它不容反駁，這兩者之間有著天壤之別。對我們所持的意見，給予反駁與質難的完全自由，是我們有理由爲了行動的目的而認定它正確的先決條件，且除此之外，在人類智慧所及的範圍內，沒有任何東西能夠作爲正確性的理性保證。

如果我們看一看人類意見或一般生活行爲的歷史，何以這兩者並未日趨敗壞？當然不能歸之於人類理解力中固有的力量；因爲，對於任何不能一見即明的事物，一百個人中倒有九十九個完全不能予以辨別判斷，而只有一人能之，且僅有的這一人，其判斷能力也只是相對比較而言的。還有，歷史上大多數盛名之士所持的諸多意見現在已被知悉爲錯誤，他們曾做過或贊成的很多事情現在也沒人會認爲正當。那麼，爲什麼總體上人類的意見言行還是理性者占多數呢？如果眞的存在這種多數優勢——我想除非人類事務處於且一直處於一種幾近絕望的狀態，否則這一多數優勢必定存在——那是因爲人類心智具有一種特質，且無論作爲智識存在還是道德存在的人類，其一切值得尊敬之處都源出於此：那就是人們的錯誤是可以改正的。人有能力透過討論和經驗修正自己的錯誤；而且僅靠經驗是不夠的，必須要經過討論，指出經驗的意義。錯誤的意見和作法逐步屈從於事實與論證，但是要使事實與論證對人們心智產生影響，就必須讓它們來至近前。除非對事實加以評論以顯示其涵義，否則事實自己不會說話。由此看來，人類判斷的全部力量和價值有賴於其以正勘誤的特性，而它之所以可資依賴，又僅在於改正之法常不離左右。爲什麼某些人的判斷眞正值得信賴？那是如何做到的呢？這是因爲他一直放開別人對其意見和行爲的批評；因爲他一直習慣傾聽所有反對他的意見，從其中一切正確的東西裡吸取益處，並向自己，必要時向他人解釋錯誤之爲錯誤的所在；因爲他一直覺得人類要想對某一主題求得整體認識，唯一的辦法就是傾聽人們對之說出各種各樣的意見，學習各色思維對之做出的一切觀察方式。除此之外，任何智者都無法獲得他的智慧，並且以人類理解力的本性來說，除此之外也無法使之漸趨聰慧。透過吸收他人意見中正確的東西來改正和完善自己意見的堅定習慣，在付諸實踐時非但不會引起懷疑混亂與無所適從，反而是唯一能使其眞正值得信賴的堅固基礎。因爲，他已經知悉一切能夠（至少是明顯地）給出的反對他的意見，並且從他的立場上對所有反駁者給予回應，也就是說他已經主動尋求了反駁與質難，而不是繞開它們，並且只要有一絲光亮可以投射到這一主題之上，不問其來自哪個方向，都不曾予以遮擋。所以憑藉這些，他有權認爲他的判斷優於未經類似過程檢驗的其他任何個人或群體的判斷。

既然人類中那些最有資格相信自己判斷的明哲之士，尙有必要依此才敢確保自己正確，那麼混雜多數愚衆和少數智者而形成的所謂公衆，就更需依此去檢驗了，這並非什麼過分的要求。即便是教會中號稱最不寬容的羅馬天主教會，在追封聖徒時都要准許和耐心傾聽「魔鬼辯護人」[2]的反調。雖然候選者生前表現得至爲聖潔，如果未經遍聽攻訐之語而後做出權衡，也不允許給予哀榮。縱然是牛頓哲學，如果當時摒絕一切質難的話，人們對它的眞理性就不會像今天這樣完全信服。我們要想確保某一信條至爲正確無誤，除了長期延請整個世界來求證其誣枉之外，別無任何保證可以依賴。如果不接受這些挑戰，或者雖接受而失敗，那我們就不敢說已經確定無誤。不過如果我們已經在人類理性迄今所能允許的狀態內盡了最大努力，對任何接近眞理的機會都未曾忽略，那麼只要言路一直保持開放，我們就可以指望，如有更確之眞理存在，一俟人類心智有能力接受，它就會被發現；同時，我們也大可相信，我們已經在今天這個時代所允許的範圍內，獲得了這條通向眞理的路徑。這就是作爲常犯錯誤的人類所能獲得的確定性的全部，並且是我們能獲致確定性的唯一途徑。

奇怪的是，人們可以承認關於言論自由論證的正確性，但卻反對將其「推向極端」；他們不明白，如不能確定這一推理在極端情況下仍然有效，就不能確定它在任何情況下都爲有效。他們雖願意承認有必要在所有那些可能存在疑問的題目上開放言論自由，卻認爲某些特定原則或信條，因其如此確定，或更確切地說，因他們確信它如此確定，必須禁止質疑，當此之時，他們居然還在想像自己並沒有妄自認定絕對不會錯。對於任何命題，如果禁止了本來應該允許的對其確定性的反駁，還敢稱其爲確定不移，那就是認定我們自己和我們的同道者可以作爲確定性的裁判，並且是可以不聽取另一方意見的裁判。

在如今這個被稱爲「缺乏信仰卻又懼怕懷疑」的時代【3】，人們確信某一意見，與其說是根據這一意見本身的正確性，不如說是因爲沒有它，他們就會無所適從；斷言某一意見不應受到公衆的攻擊，不是基於其正確性，而是基於它對社會的重要性。人們聲稱，某些確定不移的理念對人類的幸福至爲有用，甚至可以說是必不可少，因而維護這些理念，就像保護任何其他社會利益一樣，同爲政府的責任。在那些既如此必要又直接屬於政府責任的問題上，人們主張某些事情雖非確定無誤，但只要已得到大衆意見的首肯，就可以授權政府甚至強迫政府按照他們的意見去做。也常有人這樣辯解，更常有人這樣認爲，除了壞人，沒人想要破壞這些有益的信念；並且他們認爲，約束壞人，禁止只有壞人才想要去做的事，也肯定不會有錯。這種思維方式，將限制言論的正當理由放在了所要討論的信條是否有用上，而它是否正確則不成爲問題了；並且因其不用再聲稱自己所持意見是某種確定無誤的判斷而竊竊私喜。但是這些自鳴得意的人沒有意識到，他們只不過是將確定無誤的假定從一個點轉移到了另一個點而已。一項意見的有用性本身就是一個成問題的意見：其有用性之眞假、可開放討論並需要討論的地方，跟這個意見自身幾乎同樣多。除非被非難的意見已有充分的機會爲自己辯護，否則確定一個意見有害，正如確定它是錯誤的一樣，同樣是對絕對無誤的假定。再者，對一個持有異見的人，一邊禁止他堅持其意見的正確性，一邊又允許他堅持其意見的有用性或無害性，也是說不過去的。一個意見的正確性就是其有用性的一部分，如果我們想知道某一主張是否值得信任，卻要排除對其是否正確的考慮，這可能嗎？世間沒有有違正確卻反倒有用的道理，這可不是壞人而是聖人的意見；試問，若有人被告知某一信條有用，他自己卻心知其誤而拒絕予以承認，當他因此被判定有罪時，你能阻止他使用上述辯解爲自己開脫嗎？其實，那些站在公認正確意見一邊的人，從未放棄對這一辯解的一切可能的利用；你會發現他們不可能將對有用性問題的處理從正確性中完全抽離出來。相反，恰恰因爲首先確信他們的信條是「眞理」，他們才將關於它的知識或信念視爲不可或缺。既然這個如此重要的論據，只可爲一方而不能爲另一方使用，那麼關於有用性問題的討論，肯定就是不公平的。而且，實際上，當法律或大衆情感不允許對某一意見的正確性有所爭辯的時候，它們同樣不會容忍對其有用性的否定。他們所能允許的至多不過是，降低一點對其絕對必要性的強調，或減輕一點否棄它可能招致的實際罪罰。

對於某些意見，因我們自己的判斷裁定其錯誤就拒絕傾聽，爲了更充分說明這種作法的危害性，看來有必要把討論訴諸具體的案例；而且我最好首先選擇那些最不利於我的例子，在這些例子中，反對言論自由的論點，無論是從正確性還是從有用性上來說，都被視爲是最強有力的。讓我把受非難的意見定位在關於上帝和天國的信仰，或任何普遍公認的道德信條。在這樣一個戰場上論戰，對於論辯雙方來說顯然並非是同等公平的，因為我的選擇已經給了對手極大的優勢；他無疑會說（很多並不奢望不公平論戰的人也會在心裡說），難道你認為這些信條還不足以確定應該納入法律保護之下嗎？難道你堅持認為，對上帝虔誠的信仰也是妄言了絕對正確的意見之一嗎？但是，必須允許我說明，我所說的妄言絕對正確，指的並不是對某一信條（隨便什麼信條）確定無疑的感覺，而是以之替他人判定是非，並且不允許他人聽到從相反的一面所能給出的意見。即便其所持信條為我所最為敬服，我也要對這種自命不凡進行非難和斥責。然而，即使能確定任何人都可被說服，某一意見不光虛假而且有害，甚至不光有害而且是不道德和不敬神的（這正是我所極力譴責的用詞），就在推行這項個人判斷時，阻止人們聽到對那個意見的辯護，那麼即便他的作法得到了他所在國家和所處時代的公眾意見的支持，他仍然是妄自認定絕對不錯。這種臆斷非但不會因將被拒之意見視為悖德瀆神就不值得反駁或更少危險，而恰恰是所有情形中危害最大的。正是在這些場合，一代人所犯下的那些可怕錯誤，讓後代人深為驚懼駭怖。我們可以發現歷史上有很多這類令人難忘的事情，當其時，法律的威力竟被用來剷除最賢哲的好人和最高尚的學說；但對人們來說更為可悲的是，雖然有些學說成功地倖存下來，但卻（好像反諷似的）被用來爲同樣的行爲辯護，據以剷除那些對它們或它們的公認解釋持不同看法的異見者。

有一件事，也許無論向人們提醒多少次都不爲過：從前一個名叫蘇格拉底的人，跟他那個時代的司法當局和公衆意見發生了令人難忘的衝突。蘇格拉底生於一個俊彥迭出的時代和國度，依照對他個人和那個時代深爲熟稔之人所流傳下來的說法，他可稱是當時最爲正直的人；而我們也知道他是後世所有美德之師的表率和典型，他的博大思想共同啓發了柏拉圖和亞里斯多德，這兩位「智者的大師」【4】，分別發展出了精深高妙的靈感論和愼思明辨的功利論，成爲後世道德哲學以及其他一切哲學的兩股源流。這個爲有史以來一切傑出思想家所公認的宗師——兩千多年後，他的聲名仍隨著時間的流逝而愈加彰顯，幾乎蓋過了其他所有爲他的城邦帶來榮耀的有名之士——卻被國人經過審判後以不敬神和不道德的罪名處以死刑。所謂不敬神，是指否棄這個國家所信奉的神；甚至控告他的人聲稱，蘇格拉底根本不信任何神（見柏拉圖對話錄之《申辯篇》）。所謂不道德，是指用他的思想和教導「敗壞青年」。有理由相信，在這些指控面前，法官確實眞誠地認爲他有罪，於是把這個可稱是人類有史以來最好的人當做罪犯處死了。

讓我們把眼光移到與蘇格拉底之判決相比，唯一不致相形見絀的另一樁不義審判，那就是一千八百多年前發生在加爾瓦略[5]的事件。凡目睹過其生活、聆聽過其言談之人，都對耶穌道德的宏闊偉岸留下了深刻印象，此後十八個世紀以來，人們都把他敬奉為萬能上帝的化身。但是他卻背負褻瀆神靈的罪名被不光彩地處死了。人們非但錯待了他們的恩人，而且誤解之處與他的為人恰恰相反，竟把他當做褻瀆神靈的怪物來對待，而現在他們自己則因如此對待恩主而又被認為是褻瀆神靈了。雖然，人們現在認為這些事情很可悲，尤其是後者，但若以這種看法來評價那些不幸的歷史角色，則是非常不公平的。從其所有的表現來看，那些人並非壞人，他們非但不比一般人更壞，毋寧說是更好；他們擁有那個時代和人民所具有的全部宗教的、道德的與愛國的情感，甚至更多，他們正是這樣一種人，在包括我們自己時代在內的所有時代中，都有可能無可指摘與受人欽敬地度過其一生。當那位大祭司[6]聽到耶穌發出在其國人的一切觀念之下足以構成最嚴重罪行的言詞而氣得撕裂袍服時，他完全可能是在真誠地表達他的憎惡與憤怒，正如今日虔誠可敬的人們在其宗教和道德情操中所表現出來的品性一樣。人們現在多半會對他的行為感到戰慄驚悸，但假使今天的人們處於那個時代且生而為猶太人，則所行可能跟他完全一致。正統基督教徒總傾向認為，當時投石處死那第一批殉道者的一定是比他們自己更壞之人，他們應當記住的是，那迫害者之中就有聖保羅[7]。

讓我們再舉一例，這個例子最令人怵目驚心之處在於，其人所犯錯誤之昭著與他所具有的智慧和美德恰成反照。如果曾經有一個人，既掌握權柄，又有理由認爲自己是他那個時代最爲高尙與最爲開明之人，那就非古羅馬皇帝馬可．奧理略莫屬了。身爲整個文明世界的專制君主，終其一生，他不僅保持了無懈可擊的公正，而且更爲難得的是，他雖然浸淫於斯多葛學派的教養，但卻保持了最爲柔軟的心腸。他身上僅有的少數缺點也都屬過於寬縱之類；而他的著作，作爲古代思想世界最高的道德產物，如果說與最典型的基督教義還有差異的話，也只是幾乎難以察覺的差異。這個人，如果不從教條的字面意思來說，比後來幾乎任何一個表面上尊奉基督的君主都更像基督徒，但卻恰恰是他迫害了基督教。他身處前此一切人類成就的巔峰，又具有開放不羈的智力，而且他的品質足以引導他自己透過其道德著作體現出基督徒的理想，但他卻出於深入內心的責任感未能看到基督教對世界有益而無害。他知道當時的社會處在一個可悲的境地。但是，他看到或者他認爲他看到，這個社會仍然透過對公認之神的信仰和尊奉而連結在一起，避免了走向更壞的境地。作爲人類的統治者，他認爲他有責任不使社會陷入分裂；並且他看不到一旦現存的紐帶被解除，還有任何其他替代物可以將社會重新連結在一起。現在，一個新的宗教公然以解除這些紐帶為目標，因此，除非接受這一新的宗教乃是他的義務，否則他的責任看來就是將之取締。由於那時基督教信仰在他看來並不正確或不是源於神啓；由於神被釘死在十字架上的怪異歷史在他看來殊不可信，而對一個完全建立於他認為根本難以置信的基礎之上的信仰體系，他肯定預料不到其竟能在歷經一切阻遏之後，以事實證明它完全可以作為革故鼎新的工具。最終，這位最仁慈最和藹的哲學家皇帝，在嚴肅的責任感驅使之下，下令鎮壓了基督教。在我看來，這是全部歷史上最具悲劇性的事件之一。如果基督教的信仰是在馬可·奧理略皇帝而不是君士坦丁的支持下，被當做帝國的宗教接受下來，世間的基督教將會是多麼不同啊！這是一個讓人頗感痛苦的想法。但是，任何一條我們今天可用來懲罰反基督教主義的理由，在馬可·奧理略懲罰基督教傳播的藉口中都可以找到，若拒絕承認這一點，對他便是有失公允，也與事實並不相符。基督徒堅定地相信無神論是錯誤的，認為它將導致社會解體，馬可·奧理略同樣相信基督教會帶來如此這般的社會後果；而他還可算是所有同時代人中最有能力理解基督教的呢！因此，任何支持懲罰某種意見傳播的人，除非能毫無愧色地說自己比馬可·奧理略更聖明、更賢德——更深通時代的智慧、其智力更高於時代智慧之上，對眞理的追求更誠摯熱切，或一旦眞理出現更一心地獻身於它，否則就該力戒將自己認爲的絕對正確與大眾同樣的情緒結合起來，正像偉大的安東尼[8]帶來如此不幸結果的所作所爲那樣。

既然找不到任何理由可以證明馬可．安東尼所作所爲是正當的，也就意味著要爲使用懲罰手段限制無神論觀點而辯護是不可能的；迫不得已，敵視信仰自由的人有時候就會把這一結果接受下來，並且援引詹森博士[9]說，迫害基督教的人仍然是正確的。迫害是眞理應該經受而且總是能成功通過的考驗，法律的懲罰終將無力反對眞理，何況有時還會因抑制了有害的錯誤而帶來有益的效果。這是爲宗教壓迫辯護的又一種形式，應該引起十分的注意，而不應輕易放行。

對於這種因迫害沒能對眞理造成任何傷害，就堅持認爲迫害眞理仍算有理的理論，我們固然不能斥之爲對接受新眞理懷有故意的敵意，但是，如此對待嘉惠人類的恩主，實在很難說是寬厚。對於這個世界來說，有人揭示那些與之深切相關但從前卻一無所知的事物，證明人們在某些世俗利益或精神利益的關鍵點上一直存在錯誤，這是人類所能給予同胞的最重要的證明，並且在某些情況下，就像早期基督徒和宗教改革者所做的一樣重要，詹森博士的同道者們也相信它們是能夠奉獻給人類最寶貴的禮物。但是，這些功德無量的施惠者得到的報答竟然是以身殉道，還居然被當做罪大惡極的犯人來對待，而且根據這種說法，這還不算是可悲的錯誤和不幸，值得人們懊悔不已地去哀悼，反而是事物正常與合理的狀態。根據這一學說，新眞理的提出者應該處在——就像他已經處在的——洛克里亞立法者的位置上，新法律的提案人要在頸項套上套索，如果公民大會在聽了他的理由後沒有當場採納他的主張，就立即拉緊套索絞死他【10】。爲這樣對待施惠者辯護的人們，肯定不能指望他會多麼承認所受益的價值；並且我相信，對這個問題持有此種觀點的那些人，大都認爲那些新眞理或許曾經値得擁有，但現在已經多得顯其平常無用了。

但是，確切地說，眞理總是能戰勝迫害的說法，只是一種美麗的謊言，人們彼此津津樂道，直至最終成爲陳腔濫調，但一切經驗都與之恰好相反。眞理被迫害撲滅的例子史不絕書，其縱使不被遏絕，也動輒被推後數百年不止。僅就宗教觀念來說：先路德而進行宗教改革者不下二十餘輩，但是都被鎭壓了。布雷西亞的阿諾德被鎭壓了；多爾奇諾修士被鎭壓了；薩伏那洛拉被鎭壓了；阿爾比派被鎭壓了；韋爾多派被鎭壓了；羅拉德派被鎭壓了；胡斯派被鎭壓了。甚至在路德之後，無論何地只要堅持迫害，都能取得成功。在西班牙、義大利、佛蘭德斯、奧地利帝國，新教被根除；在英格蘭，如果瑪麗女王還活著或者伊莉莎白女王已死，情況也可能非常相像。除非異端已成爲非常強大的力量以至於無法全然迫害，迫害總是能夠取得成功，沒有一個有理性的人會懷疑基督教曾差點在羅馬帝國滅絕。其之所以能得以傳播並最終成爲主流，僅僅因爲迫害是間歇性的，迫害雖一直存在，但每次時間都較短，中間有長時段的間隔，使其幾乎未受干擾地得以傳布。認爲眞理僅僅憑其爲眞理，就天然具有抵禦錯誤的力量，能夠戰勝地牢與火刑，乃是一種空洞無憑的僥倖心理。人們對於眞理的熱情並不一定就強過謬誤，法律或社會懲罰的多次運用，總是能成功地阻止無論眞理還是謬誤的傳播。眞理的眞正優勢在於，如果一項意見是眞理，它雖可能被撲滅一次、兩次以至多次，然而在悠悠歲月之中，總會有人重新發現它，直到有一天它的重現恰值一個有利的環境，成功地逃脫了壓迫，它也經受住了隨後所有鎮壓它的企圖而大步前進。

有人會說，我們現在再不會將新意見的提議者處以極刑了，我們不會像先人那樣殺死先知，我們甚至還爲他們建造墓塚。的確，我們不再撲殺異端了，即便是對那些最可憎的意見，對其施以現代輿論能予容忍的懲罰的數量，也不足以令之根絕。但是，我們還不能沾沾自喜地認爲我們已經完全脫離了法律迫害的污點。對意見的懲罰，或至少是對其表達的懲罰，在法律上仍然存在；即便在如今這個時代，也不是再無實施的先例，這種迫害哪一天會捲土重來顯得有多麼不可思議。一八五七年，在康瓦耳郡夏季巡迴法庭，一個不幸的人【11】，據說其一生中所作所爲都無可指摘，但卻被判處二十一個月的徒刑，只因爲他說了一些冒犯基督教的言詞並在門上寫了下來。同年同月，在老貝利中央刑事法庭（Old Bailey），兩個人分別在不同的場合被拒絕充任陪審員【12】，而且其中一人還受到了法官和一名律師的粗暴羞辱，只因爲他們坦承沒有宗教信仰；另有一個外國人【13】，因爲同樣的原因，不能爲自己被盜而主張正義。如此拒絕伸張正義，竟是基於法律信條做出的，在這一法律觀念之下，如果不聲明自己信仰上帝（或任何神也可以）或彼岸世界，任何人都不允許在審判法庭上作證。這就等於說這些人身處法律之外，不受法庭的保護；不僅他們可以被掠奪或襲擊而施害者不受懲罰，如果只有他們或跟他們意見一致的人在場的話；而且任何其他人也可以被掠奪或襲擊而施害者不受懲罰，假如事實的證明有賴於那些不信神者作證的話。該信條基於這樣一個假設，即不信彼岸世界之人所發的誓言毫無價值。這個說法表明贊成它的人對歷史多麼無知（因爲一切時代都有無數不信教者爲傑出的義人信士，乃爲千眞萬確的歷史事實）；而且只要人們稍稍意識到，有多少以道德和成就而享譽世界之人，都是衆所周知或至少是其熟識者所深知的無信仰者，就不會再堅持這一看法。此外，這一規則是自殺性的，它鏟掉了自己的基礎。在無神論者必定說謊的假設之下，它認可了所有願意謊稱信神的無神論者的證詞，反倒拒絕了那些敢冒天下之大不韙公開坦承信奉一個令人嫌惡的信條，也不願說謊的正直者。這樣一條與其聲稱之目的如此自相矛盾的荒唐規則，只能作爲仇恨的標誌和宗教迫害的遺產而被保留，而且這就是迫害本身，其獨有的特點在於，招致迫害的資格恰恰證明受迫害者不應該遭受它。這一規則及其背後的理論，對信仰者的侮辱一點也不比對不信者少。因爲如果說一個人不相信彼岸，就必然說謊，那說明那些信的人假如眞的避免了說謊，也僅僅是因對地獄的恐懼阻止了其說謊而已。我們眞不願意以傷人的惡意揣測，這些規則的創始者和鼓吹者用以形成基督教美德的觀念，就出於他們自己這樣的覺悟。

的確，這只是宗教迫害的蕩漾餘波，與其說它是人們意欲施行迫害的標誌，不如說只是英國人頭腦中常有的弱點，他們心知舊說之謬，自己不能壞到非要欲其實行，嘴上卻硬是堅持，以取得荒謬可笑的心理滿足。不幸之處在於，雖然更壞形式的法律迫害已經中斷約一代人之久，但是在這樣的大衆思維狀態之下，很難保證它繼續停頓下去。如今這個時代，日常狀態的平靜表面，不獨被追求新利益的想法所攪動，還常常被意欲恢復舊日邪惡的企圖激起波瀾。目前自吹自擂的宗教復興之說，在心胸狹隘而無教養者心裡，至少也同樣是偏執信仰的復活；人們情感中不寬容的強勁而持久的酵母，一直都存在於這個國家的中等階級之中，只需一點點鼓動，就能讓他們積極去迫害那些他們一直都沒有停止認爲是恰當的迫害對象的人們【14】。正是這一點，即人們對不認可他們自認重要之信仰的那些人，所抱持的意見和態度，使這個國家還稱不上是一個精神自由的國度。在過去的很長一段時間裡，法律懲罰的主要錯誤在於它加強了這種社會詬病（social stigma）的作用。正是這種十分有效的社會詬病，使得在英國敢於挑戰社會禁令而發表意見，竟比在許多其他國家冒法律懲罰的危險而發表意見更爲少見。除了那些自身經濟狀況可以使他們獨立於他人善意之外的人，對於其他所有人來說，在這個問題上，公衆輿論像法律一樣有效，因爲一個人因發表意見而被排擠得無以謀生，無異於被關進大牢。對於那些衣食無憂，且並不稀罕從各級權勢者、各種群體或公衆那裡博取任何好處之人，可以無所畏懼地公開表達任何觀點，縱使因之被誤解被詬病，卻也並不需要多麼了不起的英雄氣概才能承受。對這些人，這裡沒有可以博取同情的地方。然而，即便我們現在不再像從前所習慣的那樣，對那些跟我們思想不同的人強加許多的痛苦，可我們對自身所犯下的罪惡，也許正跟從前那樣對待異議者時一樣多了。蘇格拉底被處死了，但是蘇格拉底的哲學如日中天，它的光輝照遍整個人類智慧的蒼穹。基督徒曾被投身獅吻，但基督教的教堂長得如枝繁葉茂的參天大樹，高聳於比之更古老但卻毫無生氣的物種之上，並且以其遮天之蔭令它們窒息。因而，我們僅有的這種社會不寬容，並沒有殺死一個人，也沒有根除各種意見，只不過會促使人掩飾自己的意見，或者令其不敢努力去積極傳布而已。對我們來說，每經一個年代或世代，都有異端思想未能顯見地贏得進展，乃至根本失去地盤；它們從未能夠燎原萬里，只是在好學深思的倡說者的小圈子裡文火不斷，無法以其或眞或謬的光芒照耀人類的一般事務。於是，事物被保持在讓一些人非常滿意的狀態，因爲不用再令人不快地去處罰與關押任何人，就能使一切盛行意見表面上不被干擾，而它也並沒有絕對阻止那些患有思想癖的人運用自己的理性。這對於保持思想世界之平靜，令一切事物沿著萬世不易之軌道運行，倒是一個便利的方案。但是我們爲此智識世界的太平景象付出的代價，卻是人類心靈中道德勇氣的全部犧牲。在這樣的狀態下，多數最積極、最熱愛鑽研的智者，總是將自己信念的一般原則和根據深藏於心，當其向公衆講說之時，總是試圖盡可能地使自己的結論符合那些他們心中早已放棄的前提；如此狀態絕對不會產生出，那種曾經裝點過人類思想世界的坦蕩無畏的勇者以及嚴謹無欺的智者。在這樣一種狀態下，人們所能看到的，不是些庸見的附會者，就是些眞理的趨時者，他們對所有問題的論證都是爲了取悅聽衆，而不是自己深所信服的東西。那些不願趨時附會的人，則透過窄化他們的思想和興趣，只論說那些不致犯險觸及原則領域的東西，也就是說將話題縮小到瑣碎的實踐問題上；而只要人類的心智得到增強和擴展，這些問題就能夠自我糾正，反之則無從有效糾正。然而，正是那些能夠增強和擴展人類心智的東西，即對最深奧的主題進行自由和勇敢的探索，被放棄了。

那些視異端一方保持此種緘默沒有任何壞處的人，首先應該想想，它的結果是使異端意見永遠得不到公平和徹底的討論；並且那些本來禁不起這種討論的異端思想，雖可被阻止傳播，然而卻絕不會消失。而且，禁止一切不能歸結爲正統結論的探討，受到最嚴重損害的並不是異端者的心靈，而恰恰是那些並非異端的人，他們整個精神發展受到了限制，他們的理性被對異端的恐懼嚇住了。衆多大有前途的聰慧之士，僅因謹小愼微，就不敢沿著獨立的思路勇敢前行，害怕使自己身陷被人指責爲悖德瀆神的境地；可是有誰能夠計算世界因此遭受了多大損失呢？我們每每會從中發現有些極富良心且思慮精微者，用盡畢生之力，與自己所不願沉默的智慧相周旋，並竭盡機巧，試圖使自己良心理性的指向與正統觀念調和一致，但也許直到最後都徒勞無功。而思想家的首要義務乃是跟隨自己的理性而不管它會得出何種結論，任何不承認這一點的人，一定不會成爲偉大的思想家。甚至，一個敢於自己思考的人，經過應有的研究和準備，雖所得的結果爲錯，對比那些不敢自己思考的人只知持守的正確意見，其對於增進眞理的貢獻還要更多些。並非僅僅爲了或主要爲了養成偉大的思想家，才需要思想自由；相反，爲了讓普通人能夠獲致他們所能達到的精神高度，思想自由甚至更不可少。在普遍的精神奴役氛圍中，已經出現過甚或還會再出現個別偉大的思想家。但是，那種氛圍從未也絕不會產生出智力活躍的民族。若某一民族一時接近此種特徵，必是因對異端思想的恐懼得以暫時收束。只要哪裡還存在原則問題不容爭辯的默契，只要哪裡事關人生最切要問題的討論被認爲已經結束，我們就肯定不能指望在那裡發現普遍而高度的精神活躍，像如此令人神往的某些歷史時期曾達到的那樣。只有公開的論辯涉及的都是足以點燃人們激情的重大主題，才會在根本上激發人們的心靈，且激發出來的動力足以提升智力最一般者進至作爲能夠思想的人類的高貴之境。對此，考諸歐洲歷史，有三個時期的情形可以作證：一是緊接宗教改革之後時期的歐洲狀況；二是十八世紀後半葉的思想運動（儘管只限於歐洲大陸和智識階級）；三是歌德和費希特時代德國更爲短暫的智識躁動。這三個時期發展出來的具體觀念有著廣泛的差異；

但是相同的一點是，三者全都掙脫了權威的枷鎖。在每一個時期，舊的精神專制已被摧毀，且新的精神專制還未生成。歐洲所以成爲今日之歐洲，正爲這三個時代所推動。此後無論人類精神世界還是制度方面所發生的每一步改進，其動力皆可顯見地追溯到它們其中之一。時至今日，許多外在跡象表明，三個時代所激發出來的動力，殆已用盡；我們若不再度力主精神自由，就無從指望新的進步發生。

下面讓我們轉入論證的第二部分。這回我們先把任何公認意見都有可能錯誤的假設擱置一旁，而是假設它們皆爲正確，然後再來考查一下，如果其眞確性不容自由且公開地討論便逕自加以主張，這種作法究竟有何價值？一個持有強烈信念的人，不論多麼不情願承認他的意見可能有錯，只要想一想，無論多麼正確的意見，如果不能時常經受充分且無所畏懼的討論，它都只能作爲僵死的教條，而不是鮮活的眞理而被持有，他都應該有所動容。

有一群人（幸而不像從前那樣多了）認爲，一個人只要毫不懷疑地贊同他們認爲正確的意見就足夠了，儘管他對此意見所據之理由毫無所知，甚至不能爲反駁最膚淺的異議提供哪怕一條站得住腳的辯護。這樣的人，一旦自權威方面得到某種信條，就想當然地認爲，允許對其提出質疑只會有害無益。只要他們得勢，就幾乎不可能允許對公認意見提出明智而審思式的反駁，從而使它受到的反對只可能是魯莽而無知的；因爲完全鉗制所有議論畢竟不大可能，當議論一旦出現，未能眞正深入人心的信念就會在論辯的隻言片語面前輕而易舉地屈服。不過，即便拋開這種可能性不提，而假設眞理能常駐心中而不倒，但卻是以一項成見、一項不靠論證且不准論證的信念而深踞其間，這也不應該是具有理性的人類持守眞理的方式，這算不上是懂得眞理。如此被持守的眞理，毋寧說只是一個迷信，只不過碰巧撞上了能宣示眞理的字句而已。

如果人類的理解力和判斷力應該得到培育（這至少是新教徒並不否認之事），那麼除了在那些因切身相關而令其有必要主張某種意見的事物上，還有什麼更適合一個人來培養這些能力呢？如果說某件事比另一件事更有助於培養理解力的話，那它肯定是弄清楚自己各種意見的依據。人們不論信奉什麼，所信是否正確都是最爲首要的問題，因而在這些主題上，人們起碼應該能夠在最一般的反駁面前爲其提供辯護。然而有人會說：「人們一旦有什麼意見，將他們意見的依據教給他們就可以了。何必非得說只有聽到爭論才算理解，否則必是鸚鵡學舌呢？比如學習幾何，學者不獨記下了各種定理，而且懂得和熟悉論證；如果因爲他們未曾聽到任何人否定並試圖推翻這些定理，就說他們仍是對幾何眞理的根據懵然無知，這未免有些荒唐了吧？」毫無疑問，對於數學這類題目，根本毋須論及錯誤的一方，這種說法確實足夠了。數學眞理之證明，其獨特性在於，所有論據都在正確一方手裡，不存在反對意見，也毋須對反駁予以答覆。但是在每一個可能具有不同意見的主題上，眞理必有賴於兩組相互衝突的理由之公平較量。即便在自然哲學中，對於同一事實也一直存在著一些不同的解釋，如天文學上有以地心說代替日心說的，物理學上有以燃素說代替氧氣說的。必須讓那些另類學說爲什麼不能成其爲眞理得到說明，並且除非它得到說明，而我們也知道它是如何被說明的，我們才算是眞正理解自己意見的根據。但是當我們轉向那些遠爲複雜的主題，諸如道德、宗教、政治、社會關係以及民生日用等問題上，爲每一個有爭議的意見所做的論證，大部分都在於爲排除對異議一方有利的現象。古代最雄辯的演說家西塞羅（拋開狄摩西尼不算）自稱，他在研究對手情況上所下的工夫，即使說不上更大，起碼也和把握己方情況的力度一樣大。西塞羅在公開辯論中用以取勝的這種辦法，値得所有爲了獲知眞理而研究任何主題的人效法。對於某一事物，若有人僅了解自己一方，則他對此事物可說是知之甚少。其雖持之有故、言之成理，甚至好像堅不可摧，但是如果對他來說，相反一方的理由也同樣牢不可破，甚至他連對方的理由是什麼都不知道，那他身處兩種意見之間，必然找不到一個如何選擇的根據。對他來說，理性的態度應該是暫時擱置判斷，除非他滿足於此，否則他就或是依從權威，或是像一般世人所做的那樣，根據自己情感之所偏愛，接受其中某一方。而且，僅僅滿足於從自己老師那裡聽到的反方論點也是不夠的，那些反論必然都在老師的意料之中，並且在轉述的同時已經附帶了他們的反駁之辭。那不是公平對待反方論點的方式，也無法以自己的心靈與之實現眞正的接觸。他聆聽的對象，必須是確實相信那些論點、眞誠爲其辯護、並爲其竭盡一切所能之人。他所了解的反方論證，必須是以極盡能言善辯的形式出現，必須讓他感覺到關於該主題的正確意見所不得不遭遇且必須要戰勝的困難的全部壓力，否則他永遠不能眞正掌握足以應對並解決那個困難的眞理。百分之九十九所謂受過教育的人都處於這種偏信偏聽狀態，甚至那些能夠爲自己的意見滔滔雄辯者，亦不例外。他們的結論也許正確，但是他們的任何理解也許都是錯的：他們從未設身處地的想想，那些不同意他們意見的人會怎麼說；因此，若依「知」字的任何嚴格意義來講，他們可說是並不知自己所宣稱的道理。他們不知道該道理可以用來解釋並證明其餘部分成立的那一部分；他們不知道有些重要的原由，可以證明兩個似乎彼此衝突的事實，實則是相通的，或者可以表明在兩個看起來都很有力的理由面前，爲什麼要選擇這個而不是那個。總之，對於所有可以扭轉局面、決定一個全面理解者之判斷的那部分眞理，他們都是陌生的；而除非不偏不倚地傾聽了雙方的意見，並對它們各自之理由都洞燭幽微，否則就不可能眞正懂得此點。要想對道德和人文主題眞正有所理解，這是一條最基本的紀律，因而在一切重要眞理上，如果暫時還沒有反對者，也有必要設想一個，並爲之提供巧舌如簧的魔鬼辯護人所能想出的最有力的辯護。

爲了削弱上述分辨的力量，言論自由的敵視者可能會說，爲自己觀點提供正反兩方面的證明，那是哲學家和神學家的事，對一般人來說，沒有必要讓他們知道並理解所有理由。讓普通人都能去揭露能言善辯的反對者的一切妄言謬語，實無此必要。只要總有某些人能夠對之予以回應，使任何可能誤導未受教化者的東西都得到駁斥，就足夠了。至於心思質樸者，只要將其被諄諄教誨的眞理的明顯依據教給他們，剩下的讓他們信賴權威就是了；而且他們既然意識到自己對可能遇到的難題，既無釋疑之智，又無解惑之才，而又相信反正有那些爲此受過專門訓練的人，已爲其解答或能爲其解答所有已遇之難題，就大可酣然安臥了。

雖然人們信奉某種眞理，都理應對之有所理解，但即便我做出最大讓步，姑且承認那種認爲對所奉眞理不必人人都需徹底理解的觀點，也未能絲毫削弱言論自由的理由。因爲，即便是這種說法，也承認了人類應當擁有一個理性的保證，即所有的反對意見都已被圓滿地答覆。如果要求答覆的東西已被禁止，又從何答起呢？又如果反對意見根本沒有機會表明已做之答覆不能令其滿意之處，又何以知道它是令人滿意的呢？對於那些難題，即便不是公衆，也至少是要去解決它們的哲學家和神學家所必須熟悉的，而且要熟悉它們最令人困惑的形式；而要做到這一點，必須讓反對意見得以自由表達，並將其置於它們所容許的最有利的理解之下不可。天主教對此種令人困擾的問題有其自己的處理方式，它將人大體分爲僧俗兩類：一類能被允許透過眞心服膺接受其教義；另一類則對所接受的教義只能信任而不可一探究竟。誠然，二者在所能接受的教義上都不允許有任何選擇；但是，至少對那些能得到充分信任的教士，可以允許並鼓勵他們去熟悉異端的論證，以便能夠對之做出回應，並且爲此之故，可以閱讀異端的書籍；而普通信徒，除非得到特別許可，否則很難獲得這種機會。這項教規已承認了對於敵手情況的了解有益於宣道者，只是又想出與此並行的辦法，將世界上其他人拒之門外：這樣一來，儘管給精英分子的精神自由不比給大衆的更多，但卻給了其更多的精神栽培。透過這個辦法，天主教成功地取得了其意圖所需的精神優越性；因爲非自由的精神栽培固然無從養成博大而開闊的心胸，但卻大可造就出聰明的照本宣科的（nisi prius）[15]宗教辨護人。但是在信奉新教的國家裡，則已經拋棄了這個辦法。因爲至少在理論上，新教徒主張，選擇何種信仰的責任必須落到每個人自己頭上，而不能推諉到牧師身上。此外，在當前的世界情形下，要想將受教化者所能讀到的書籍對未受教化者封禁，實際上也是不可能的。如果人類的教化者要想知曉一切他們應該知道的事物，就必須讓一切都可以自由言說與自由出版，不受限制。

不過，也許有人認爲，當公認意見爲眞時，缺乏言論自由的危害之處，只不過是令人們不知道那些意見的依據而已，即便這不利於智力的發展，但卻絕沒有道德上的危害，也無損於那些意見影響道德人心的價值。但是，事實卻是，自由討論的缺乏，不僅使意見的依據被人遺忘，就連意見本身的意思也常常被人拋諸腦後。表達意見的詞句，已不再能夠讓人想起它的意思，或者僅能提示其原本用來傳達的意思的一小部分。清晰的概念和鮮活的信仰不見了，剩下的僅僅是幾句死記硬背下來的陳言腐語；或者其意幸而有所保存，也僅剩皮毛而已，其精華則早已亡失盡去。此類事實占據並充斥於人類歷史的大量篇章，不可不深究與熟思。

幾乎一切道德學說和宗教信條的經歷，都可以說明這一點。在它們的首倡者以及得到首倡者親傳的弟子那裡，其意思與活力都是繁富而充沛的。

只要爲使這些學說信條超越其他信條的奮戰還在持續，其意思就能以未曾削減的強度被感覺到，甚至還可能會得到闡揚而被更充分地理解。最終，它們或者得以盛行並且成爲普遍意見，或者前進之勢已竭，只能保持既得領地，而無力繼續拓展。無論上述哪種結果變得顯見之時，有關那一主題的爭論都會逐漸衰落，並漸趨消失。當此之時，這種已經取得一席之地的信條，即便沒能成爲公認的意見，也會成爲公認意見所承認的一派或一支；而信守者對其大體上也只是得自傳承，而非眞正領受；至於令這些信條做由此向彼的轉變，如今已成爲絕無僅有的例外之事，即便是這些信條的宣教者，也未嘗稍稍勞神對之有所思考。起初那種時刻準備著不是反擊世人的詰難，就是竭力勸服世人向其靠攏的勢頭不見了。而今人們已經退而不聞不問了，對於那些反對其信條的種種論點，只要其勢不足爲恤，就充耳不聞，而且也不打算以有利的論據爲自己辯護而去煩擾那些異見者（如果眞有異見者的話）。從這時起，就通常是那一信條活力衰落的開始。我們時常聽到各種信仰的宣道者都在哀嘆，讓那些號稱皈依者在頭腦中保持對眞理的生動理解，使眞理能深入內心而眞正支配行爲，眞是太難了。可是，當這些教義還在爲自己的生存而奮爭之時，從不會有這種困難要抱怨；那時，即便是較弱的戰鬥者也知道他們在爲何而戰，並能覺察到它與別種教義的分歧所在；同時，在每種教義的上升期內，也總會發現有絕非少數人曾以各種思想方式領會其基本原則，衡量和考慮過其一切重要意義，並體驗過其對道德品性的充分影響，那正是對該教義的信仰在一個完全受到其洗禮的心靈中應當產生的效果。但是，一旦信仰已變成一個僅靠傳承的教條，而且並非主動而是被動領受，也就是當心靈再也不像當初那樣被迫以其全部力量來應對因信仰而來的各種問題時，就會出現一種愈演愈烈的趨勢，使人除形式以外忘掉所信的一切，或只給予其漫不經心的贊同，彷彿既經信任而接受了它，就毋須再從意識上去領悟，或透過親身體驗去檢驗一番；直到它變得與人類的內心生活幾乎完全沒有聯繫爲止。於是，就出現了當今世界經常可以看到乃至形成多數的一種情形：信仰彷彿總是在心靈之外，結成硬殼並使心靈僵化，以抵擋一切訴諸人性中更高尚部分的其他影響；它不能容忍任何新鮮而生動的信念進入，以此來展現它的力量，但它自身除把門放哨致令心靈空虛之外，對人的意識或心靈可說是毫無用處。

　　那些原本最能深入人心的義理，卻因爲言論自由的缺乏，只能作爲僵死的教條而保留下來，人們根本不能透過想像、情感或理智對其有所領會，這種情況達到什麼程度，可以透過多數信仰者對基督教教義的持守方式的例子來說明。我這裡所說的基督教義，指的是可被所有教會與教派認可的那些教義，即出自《新約》的箴言和訓示。這些教義被所有基督徒看成是神聖的，乃至被接受爲律條。但要說一千個基督徒中，都難得有一個參照那些律條來指導或檢驗其個人行爲，也幾乎不爲過。他用以參照的標準只是其所屬國家、所屬階級或宗教儀典沿襲下來的慣例而已。於是，一方面他擁有一大堆相信是聖靈賜予他的道德訓示，作爲自我管理的規則；另一方面，他又有一套日常的見解和作法，它們在某種程度上能夠與上述某些訓示相合，與另一些則不盡相合，甚至與某些直接相反；而整體說來，這套東西只能算是基督教義與世俗生活的利益和見解相調和的產物。對前一套標準，他表示尊崇；對後一套標準，則眞正奉行。所有的基督徒都相信：上帝所賜福的乃是窮人、賤人和遭世人惡待之人；富人要進入天國比駱駝穿過針眼還要困難；不可評斷別人，免得被別人評斷；不可以指神發誓；要像愛自己那樣愛鄰人；如果有人拿走你的上衣，就連大衣也給他；不可爲明天憂慮；若要做完人，就應變賣一切自己所有去分給窮人[16]。當他們聲言相信這些東西的時候，未必就是不眞誠的。他們確實相信，這就如同人們聽到總是受讚頌而未聞有所爭論的東西，就信之不疑一樣。但如從活的信仰要調整人的行爲這個意義來說，他們信奉這些教義只不過是求其經常對己有用而已。整個教義被用來打擊敵人；更不用說（如有可能就會）被抬出來，當作人們做他們認爲值得讚美的任何事的理由。但若有人站出來提醒他們，這些訓示要求他們去做連想都未曾想過的無窮之事，則提醒者只能被他們歸入那種愛顯示自己比別人高明而非常不受歡迎的人之列。因而，那些教義不曾真正掌握普通信衆——未能成爲他們內心的一種力量。他們有的只是對經文音聲字符習慣性的尊敬，而從未想過要將之延至其義所指，令心靈接納它們，使內心領悟與行爲模式合乎一致。一旦涉及行爲，他們就到處尋找甲先生或乙先生，指示他們該在什麼限度內服從基督的訓示。

現在我們完全可以確信，在早期基督徒那裡，情況並不如此，而是截然相反。如果眞是那樣，基督教根本不可能從被人輕賤的希伯來人的一個無名教派，發展成羅馬帝國的國教。當時，連他們的敵人都說「看那些基督徒彼此是多麼相親相愛啊」（現在不太可能有人會做如此評價了）【17】，則可知他們對自己的教義有著更爲切身的體會，爲後世深所不及。或許主要就是這個原因，使得基督教如今在擴展自己的領地上毫無進展，甚至在歷經十八個世紀之後，幾乎仍然局限於歐洲人及其後裔中間。即便是跟那些普通人相比，對教義更爲熱誠，對其意思也理解得更多的嚴修恪守之士，他們頭腦中比較活躍的那部分教義，一般說來也僅僅是如喀爾文或諾克斯，或品性上與他們非常相近之人所創的理論。基督的訓示只是被動地並存於他們心中，除了僅僅因聽了那些詞句而感到親切柔和之外，幾乎不能產生任何影響。爲什麼作爲某一宗標誌的教義，要比一切公認教派所共有的那些教義能夠保持更多的活力？並且爲什麼宣道者要更不辭勞苦去保持其意思不致衰退？這其中無疑有很多原因，但有一個原因則是確定的，即這一標新立異的教義引發了更多的質疑，從而不得不更經常地爲自己辯護以反對公開的反駁者。等到戰場上已沒了敵手，則無論教師或生徒，就都在自己的位置上去睡大覺了。

一般說來，對於一切傳統信條，無論是那些關於人生智慧和知識的，還是關於道德或宗教的，上述道理都同樣有效。所有語言和文獻典籍都充斥著關於生活的一般見解，既指明各種道理之所在，又說明個人該如何立身處世。這些見解爲人人所習知，人人所熟道，或聽之而未置異辭，都把它們當作不言而喻的道理。但大多數人只有在經歷親身體驗，而且一般是吃了苦頭而令其應驗於自身之時，才開始眞正明白這些道理的意思。不知有多少次，人們在經歷了未曾料到的挫折或不幸之後，才恍然記起那些有生以來一直熟知的格言警句或古訓俗諺，如果之前他們就能像現在這樣明瞭其意思，何至於遭此不幸呢？固然有其他實在原因，令人對很多道理非親身經歷不能領會其全部意思，不一定都是言論不自由的緣故。但是，即便是對於這些道理，如果一直能聽到那些能予理解之人從正反兩面進行爭辯，人們也會更加理解其中的意思，且已經理解的那部分也會在他們心中留下更爲深刻的印象。一旦某種事物不再存有疑問，人類就會放棄對它的思考，這種不幸傾向是人類所犯錯誤的半數原因所在，一位當代作家曾言道「定見必寢」，誠哉斯言！

可是這是什麼話！（質疑者也許會問）難道共識之不存在竟是眞知實見所必不可少的條件嗎？難道爲了讓任何人都能認識眞理而必須令人類的某一部分去堅持錯誤？是否一個信條一旦被普遍接受就不再眞實且失去活力？是否一項命題除非還保留著一些疑問，否則就從來不會被完全理解和感知？是否只要人類一致接受某條眞理，該眞理就會在他們身上消亡？迄今爲止，人們一直都認爲增進人類智識的最高目標和最佳結果，是令天下人在所有重要眞理的認同上愈來愈趨一致；然而難道只有人類智識的目標永遠不被達到，它才能得以持續？難道其全勝之日竟恰爲奮爭之果開始腐爛之時？【18】

我眞的絕無此意。隨著人類的進步，人們不再爭論或不復懷疑的道理必然日益增多；並且眞理息爭止疑的數量和分量，也幾乎可以用來衡量人類幸福的程度了。人們在一個又一個問題上的嚴重分歧相繼消失，是意見統一過程中必然會有的事情之一；意見統一於眞理可爲人類造福，情形恰如意見統一於謬誤時可爲人類招禍一樣。但是儘管逐漸縮小意見分歧的邊界，因不可避免與必不可少而有其必要，我們也並不一定要得出結論，認爲這一切結果都必然有利。在這裡，眞理失去了一項重要的助益，因爲它再也沒有向對手解釋或辯護的必要，從而令人無法對之有明確而生動的理解；這種損失雖然還不至於壓倒眞理獲得普遍認可的益處，但其妨礙理解之害處亦不可小覷。當這種有利的輔助不再存有的時候，我承認我確實是希望人類的教化者努力尋求一個替代的措施，想方設法讓問題可能遇到的刁難呈現於學習者的意識之中，一如急於令其改變信仰的競爭對手向他們所施加的那樣。

然而人們不僅不爲此一目的尋求辦法，而且還把從前曾用過的辦法丟棄了。在柏拉圖的對話錄中有過精采展示的蘇格拉底的辯證法，就是這類方法之一。它們基本上是對於哲學和人生重大問題的否定性討論，透過運用近乎完美的辯論技巧，說服那些只知接納已成老生常談的公認意見之人，其實並未理解那一主題，仍然未能確知他所信奉的信條的意思所在；也爲了讓其在意識到自己的無知之後，有可能走上一條通往堅定信仰的道路，使信仰建立在對教義本身及其依據的清晰理解之上。中古時期的學院辯論亦有著多少有些相似的目標。這類論辯的用意在於，令學生理解自己的意見，以及（必然相關聯地）理解與之相反的意見，並能夠強化前者的根據，而駁倒後者的根據。這種學院論辯誠然有著無可救藥的缺點，因爲它所使用的前提皆取自權威而非理性；並且，作爲一項思維訓練，它們在無論哪一方面，都比強有力的辯證法遠爲遜色，後者塑造出了「蘇格拉底之輩」的聰明才智；但是現代思維自上述兩者中所受之益，遠較人們一般樂意承認的爲多，當前的教育模式即便在最小的程度上也都沒有可以代替這兩者的東西。一個全部教導都得自教師或書本的人，縱使能夠逃脫滿足於飯來張口的無邊誘惑，亦絕不會有被迫聆聽正反兩面意見的壓力；因而甚至在那些可稱爲思想家的人中，知悉正反兩面都成爲一項極不尋常的成就；在爲自己意見辯護時，準備用來答覆反對者的東西總是成爲最薄弱的一部分。當前的風氣是貶低否定性的邏輯，因它僅指出理論中的弱點和方法上的錯誤，而不確立肯定性的眞理。這種否定性批判如果作爲最終結果，確實顯得非常貧乏；但如果把它當做獲取任何稱得起肯定的知識或信念的手段，則再也沒有比這更爲寶貴的了；而除非人們對如何對待否定性批評再次受到系統訓練，否則將幾乎不會出現偉大的思想家，並且除了數學和物理，在人類思維的任何方面，也只會出現較低的一般智力水準。在任何其他主題上，除非意見者或出於被人逼迫，或出於自己主動，而業已經歷與敵手激烈爭辯所必然要求於他的精神過程，否則任何人的意見都擔不起眞知實見的稱號。既然如此，對於一個若是沒有就必須要去創造，而又如此難於創造的東西，當其主動送上門來的時候，我們竟充耳不聞，那豈非愚不可及！如果有人敢於挑戰公認的既定意見，或者只要法律或輿論寬大就必定會如此去做，那麼讓我們感謝他們，並敞開心胸去一聽其言吧！我們還要爲此感到高興，若不是他們已爲我們做了同樣的事，而我們只要對自己信念的正確性或生命力還有所關心的話，自己也應該花更大的力氣去親力爲之。

在能夠證明意見的紛歧多樣乃是有利的幾大重要理由中，這裡還有一個尙需提及，並且同樣，只要人類還沒有進入目前看來仍是遙遙無期的智識躍進階段，這個理由就會繼續有效。目前爲止，我們只考慮了兩種可能性：一是公認意見有可能是錯誤的，因而某些不同意見倒是正確的；二是即便公認意見正確，而與相反的錯誤意見的較量，對眞理能夠得到清晰理解與深刻體認也是必要的。但是還有一種比這兩者都更爲常見的情形：一組相互衝突的信條，並非一者全對另一者全錯，而是眞理共存於二者之中；公認的信條只包含眞理的一部分，必須要由不合主流的意見來補充眞理的剩餘部分。在那些感官無法觸知的主題上，通行意見往往是正確的，但也很少或從未能涵蓋全部的眞理。它們只含有部分眞理；程度有時大些，有時小些，但對於理應跟它們相伴而生且對之有所限制的那些眞理來說，卻顯得誇張、變形乃至脫節。另一方面，異端意見通常包含一些被遏制和被忽視的眞理，其一旦衝決令之不能抬頭的桎梏，不是尋求與包含在通行意見中的眞理相調和，就是起而與之分庭抗禮，以同樣唯我獨尊的姿態把自己當做完全眞理樹立起來。迄今爲止，最爲常見的乃是後一種情形，因爲人心每每偏愛一己而很少兼顧各方。因此，甚至在歷次的觀念革新換代中，也往往是一部分眞理興起的同時，伴隨著另一部分眞理的沉沒。縱然是本該由一項項偏而不全的眞理不斷累加的進步過程，也多半變成了僅僅以一項替換另一項了事；而改進之處，也主要在於那些新的眞理片段較之所取代者更爲人們所需，更能適應時代的需要而已。既然盛行之說都存在著片面性，因而即便其所據之基礎眞實有效，那些含有爲通行之說所遺漏的些許眞理之光的每一項意見，不管它在眞理上摻雜了多少錯誤和混亂，都値得珍視。我想沒有一個以冷靜頭腦判斷人類事務的人，會因爲即便他們迫使我們注意到了我們不然必定會忽略的眞理，但我們所見之眞理也恰爲他們所忽略，就非要對此感到憤怒不可。相反，他會認爲因爲通行的眞理總是片面的，因而也就比其他情況下，更需要有人偏激地去主張那些非通行的眞理；這也通常是最有活力且最有可能，令人對那些主張者號稱全部眞理，而其實只是智慧的片鱗半爪的東西，予以勉強注意的辦法。

因此，在十八世紀，當幾乎所有受過教育者和由他們引領的所有未受教育者，都醉心於所謂文明以及現代科學、文學和哲學的各項奇蹟之時，當他們過高地估計現代人與古代人的不同之處，且縱情於相信全部差異都有利於他們自己之時，盧梭那些悖反之論就像炸彈一樣，在他們中間轟然炸開，從而產生了一種有益的震撼，打亂了那些緊密結合在一起的片面意見叢束，迫使各項因素在新要素加入之下以更佳的形式重新組合。這並不是說通行意見總體來說比盧梭的意見離眞理更遠，恰恰相反，它們倒是與之更爲接近，其中含有更多的正面眞理，也更少謬誤。然而在盧梭的學說裡面，卻有著大量恰爲通行意見所缺乏的眞理，並隨著它所掀起的思潮泥沙俱下；而待到思潮的洪峰消退，這些眞理就成爲沉澱下來的精華。純樸的生活更爲可貴，造作社會中的種種束縛與矯飾只會令人萎靡頹喪，自從盧梭著說之後，這些一直都是受過教育者從未完全忘懷的理念；這些理念遲早會產生應有的效果，但是目前仍需一力加以重申，並且需以身體力行來重申，因爲在這一主題上，言辭的力量幾乎已被耗盡。

再來看政治方面，下面所言幾乎已成老生常談：強調秩序或穩定的政黨與要求進步或改革的政黨，同爲政治生活達至健康狀態的必要因素；直到二者中某一個能夠擴展自己的理解力，成爲既重秩序又能進步的政黨，懂得並善於辨別什麼適宜保守、什麼適宜革新乃止。這種想法固然是將對方的缺陷化爲自己的長處，但很大程度上也正是因爲雙方的對立，而使彼此保持在理性和穩健的限度之內。政治上紛見迭出的各種言論，如民主制和貴族制、產權論和均富論、合作和競爭、奢侈和節儉、群性和個性、自由和紀律，以及實際生活中永相對立的種種意見，除非每一對立的兩方都能同樣地自由發表，並且以同樣的才情和精力得到貫徹和擁護，否則對立的雙方都不會有機會得到公平的對待，必然會像天平的兩邊此起而彼落。在生活的各種重大實際利害上，眞理往往是對立雙方調和與交匯的問題，卻很少有人能夠有足夠恢弘公正的心胸，去用正確的方法做出適當的調整，而使眞理只能透過交戰雙方在敵對旗幟下展開鬥爭的粗暴過程才能得到。在以上所列舉的任何一個重大而又具有開放性的問題上，如果兩種意見中有一個比另一個更具優勢，那麼不僅要得到容忍，更應該去鼓勵和支持，恰恰該是在特定時間和特定地點爲少數人所持有的那個意見。當其時，那個意見一定代表著被忽視的利益，代表著有喪失公平對待之危險的某一方面人類福祉。我知道在這個國家中，對於大多數這類主題上的意見分歧並不存在任何不寬容。從得到公認且日益增加的事例中，都顯示並證明著一個普遍的事實，在人類智慧的當前狀態下，唯有透過意見的紛歧多樣，才能使眞理的各個方面有一個公平競爭的機會。如果我們發現有人在任何問題上，對世人顯然一致公認的意見竟有不同看法，縱然世人是對的，那些異見者為自己辯護的話中，也總有一些值得我們一聽的東西，若禁止他發言，則對眞理而言往往就會有所損失。

也許有人又要反對說：「但某些公認的原則，尤其是那些最崇高且最重要問題上的原則，遠非僅含半截眞理。例如，基督教的訓誡即為道德問題上的全部眞理，若有人宣講的道德有異於此，則其說必定全然謬誤。」因其對於一切生活實踐最為重要，還沒有什麼比基督教道德更適合用於檢驗一般的道德訓誡。但是，在聲言何者合乎何者背離基督教道德之前，應該先確定何謂基督教道德。如果它指的是《新約》中的道德教訓，那麼我感到不解的是，任何從這本經書本身獲得道德知識的人，怎麼能夠設想《新約》已宣布為或意欲將之作為完備的道德教義呢？福音書總是援引先前已有的道德觀念，並將訓誡限定在原有道德需要做出修正或需要代之以更高更廣原則的特例上；再者，用以表達它們的詞彙極為籠統寬泛，往往很難照字面加以解釋，它們像詩歌或雄辯一樣極富感染力，卻無法律條規的精確性。要想從中提取出一套道德教義，如果不以《舊約》彌補其不足，就根本不可能完成；而《舊約》固然體系詳備，但其中卻也多有鄙陋野蠻之處，因那原本就是只為野蠻人制定的。故而聖保羅這位公開反對猶太人的解經模式、反對塡充主訓的人，同樣採納了先前已有的，即希臘和羅馬的道德觀念；他對基督徒的勸告在很大程度上就是一套與舊有道德相調和的體系，甚至於到了顯然認可奴隸制的程度[19]。所謂的基督教道德，或許更該稱之為神學道德，並非出自基督及其使徒之手，而是出自更為晚近者的手筆，其先由頭五個世紀的天主教會逐步確立，後到了現代人和新教徒手裡，雖然沒有毫無保留地全然接受，被修訂的地方也遠較人們期望會改的少得多。實際上，他們大多只滿足於砍掉中世紀添加上去的東西，再由各宗各派代之以新的添加物，以適應各自的特點和傾向。我當然絕無否定人類大大受益於這一道德體系及其早期宣道者的意思；但我敢毫無於心不安地說，它在很多重要問題上都是不完備且有所偏頗的，若不是有很多不為它所認可的其他理念和情感，共同協助塑造了歐洲人的生活方式與性格品質，人類事務就會比今天所見的情形要糟糕得多。基督教道德（姑且如此稱之）具有反激運動的一切特徵，它大部分都以對異端信仰的抗議形式出現；其理想多消極而非積極，多被動而非主動，但求清白而不慕高義，力避邪魔而非一力求善，故（誠如有人指出的）其訓誡裡「你不可」一類的誡語，遠遠超出了「你應該」一類的勸善。因其畏懼縱欲猶如蛇蠍，遂樹立禁欲苦行為偶像，這種作法已逐漸通過折中進入典章律法。它給人以天堂的希望和地獄的威脅，將之作為追求純潔生活指定和相稱的動機：這種道德標準遠較古代聖賢為遜，它透過將每個人的義務感與同胞的利益相分離，只有誘以私利才會顧及他人，從而給人類道德加上一種本質上乃爲自私的特徵。它本質上是一種宣導消極服從的教義；它教人服從一切已經確立起來的權威當局；雖然還不至於當統治者命令有違宗教禁令時也要積極服從，但無論當局對人們做了多少不義之事，也不可反抗，更遑論背叛。至於以身奉國的義務，在最好的異教民族的道德裡，都被置於一個無上的地位，甚至於可以侵犯正當的個人自由，而在純粹的基督教倫理中，這一重大義務卻幾乎沒有受到注意或得到承認。人們能從《古蘭經》而不能從《新約》中讀到下面的金科玉條：「那治國的人，指命一人充任某職，倘其治內尚有他人更堪此任，那治國者就開罪於神，也有負於國。」[20]在現代道德觀念中，還能獲得些許承認的個人需對公眾負有義務的觀念，都來自於希臘和羅馬而非基督教；同樣，甚至在有關私人生活的道德觀念中，如果還存在任何胸襟開闊、心性高潔、人格尊嚴以及榮譽感等品質，也都完全來自於我們接受的人文教育而非宗教感化，因其絕無可能從公開宣稱唯一價值乃是服從的道德準則中生長出來。

我與任何人一樣，遠非要以一切可以想像得出的方式，認定這些缺陷必然內在於基督教道德之中，或者完備的道德學說所必然含有而爲基督教所無的諸多要素，必不能與之相調和。我更不是存心要對基督本人的教義和訓誠妄加微詞。就我所見的任何證據，我相信基督所遺之訓導一如其所本欲宣揚的一切意旨；我也相信它不可能與完備道德所需的任何東西不能相容；我還相信凡可被各種道德倫理視爲完美的任何東西都可以進入其中，而不致和其文辭發生多大衝突，正如所有那些曾試圖從中推導出任何實際行爲規範的人沒有對它構成什麼冒犯一樣。但是與此毫不矛盾，我同時相信它們僅包含並且原本就有意包含部分眞理；我還相信至高至美之道德的衆多基本元素，存在於這位基督教創始人有記載的言詞未曾提及也未有意提及的事物中，而教會在根據基督訓示建立其倫理體系時，也將之完全拋在九霄雲外了。既然如此，我認爲若還有人堅持試圖從中尋找指導我們的完整規則，就是大錯特錯，其原始作者誠然有意裁准並實施此種規則，但卻僅僅提供了部分規則而已。我也相信，這一偏狹學說正在變成嚴重的實際禍患，大大減損著道德訓練與督導的價值，而這種價值目前終於有那麼多好心人在力求推進。我很擔心，由於企圖單單以宗教範式來塑造人的意志與情感，拋棄此前一直與基督教倫理共存並對之有所補充的那些世俗標準（因無更好的稱呼，姑且如此稱之），或對其精神間或有所採取，也隨即以己身所有將之同化，這必將導致，甚至現在已經導致，一種卑瑣馴順之性格類型的形成，無論如何都要讓自己屈服於其所認可的無上意志，而不能上升到至善的觀念，更不能與至善觀念產生共鳴。我相信，若要人類道德獲得新生，對那些其形成並非單單淵源於基督教的其他道德倫理，必須令之與基督教道德攜手並進；並且基督教體系並不例外於下述規則：在人類心靈未臻完善的狀態下，眞理的利益需要意見的紛歧。要求人們不再忽視基督教未曾包含的道德眞理，卻也並非一定要人們忽略它確所包含的那些眞理。這種偏見或失察一旦發生，就完全是一種禍害；但是，我們也不能指望人們總是能夠避免這種禍害，而只能把它視作追求至善的代價。將片面眞理當做全部眞理，這種唯我獨尊的自命不凡必須而且應當去反對；而如果反擊的衝動反過來又令反對者有失公允，其偏狹正跟所反對者一樣，這固然令人遺憾，但必須對它予以容忍。如果基督徒想要無神論者公正對待基督教，那麼他們自己也應該公正對待無神論者。凡對有文獻可徵的歷史稍有所知的人都知道，那些最高尚與最有價值的道德教訓，有很大一部分都出自對基督教一無所知，或雖有所知但卻不屑一顧的人之手，若不顧念這一事實，則於眞理毫無助益。

我也不敢說，讓一切可能的意見絲毫不加限制地自由發表，就能結束宗教或哲學上宗派主義的禍害。心胸狹隘之人，對於他所熱中的每一個眞理，都必然會極力主張，反覆強調，甚至以各種辦法來實行，就好像世界上再也沒有其他眞理，或者無論如何都不會有第二義能對其有所限制，或可與之一爭高下。我承認，一切言論都有向宗派化發展的傾向，且並不會因有了最自由的討論而得以矯正，反倒往往會由此而日益增強和加劇；那個本該認識到但卻未能認識到的眞理，只因出自被視爲敵手的人之口，就被更激烈地排斥。不過，讓多種意見的這種碰撞產生有益的結果，當然不會發生在激情如火的黨人身上，卻能發生在更爲冷靜且無所偏袒的旁觀者身上。片面眞理之間的激烈衝突並不可怕，可怕的是以半截眞理相鎮壓以致萬馬齊瘖；只要人們還被迫兼聽各方，情況就總有希望；而一旦人們只偏重一方，錯誤就會固化成偏見，而眞理自身也由於被誇大變成謬誤而不復具有眞理的效用。當爭端的兩造只有一造有辯護人代表其上前時，有人卻能夠在兩造之間做出明智判斷，在人類的精神屬性中，沒有什麼比這種公斷能力更爲罕見了。既然如此，若不是讓問題的各方公平地出現，令包含任何眞理片段的每一項意見不僅能有辯護人，而且還要讓其辯護足以讓人不得不聽，眞理就不可能被發現。

至此，我們已經從很清楚的四點根據上認識到，意見自由以及意見表達自由對人類精神幸福（它決定著人類的其他一切幸福）的必要性了；現在我們就來扼要地概括一下。

一、即便某一意見被壓制而至於沉默，但其實我們未必眞的不知道，那個意見有可能是正確的。拒絕承認此點就是認定我們自己一貫無錯。

二、即使被壓制的意見是錯誤的，它也可能包含並且通常確實包含部分眞理；而由於在任何主題上，普遍或通行的意見難得是或從來不曾是全部眞理，只有透過與反面意見的碰撞，餘下的部分眞理才有機會得以補足。

三、縱然公認意見不僅正確而且是全部眞理，除非它允許並確實經受了極其有力，而又最爲認眞的挑戰，否則大多數接受它的人抱持的僅僅是一項成見，對其所以然的理性根據毫無理解或體認。

四、不寧唯是，信條本身的意義也將變得岌岌可危，其可能由隱晦而至於消失，對人的身心言行將不復有積極影響的能力：最終，由於信仰僅僅剩下形式，非但無益於爲人增福，而且還因破壞了根基，從而妨礙了任何眞實而又誠摯的信念自人類理性或個人體驗中生長出來。

在結束關於言論自由的討論之前，似乎還應當對某些人的一種看法稍做注意。他們認爲，一切言論固然都應該被允許自由表達，但前提是意見表達方式必須溫和節制，不能逾越自由討論的界限。有很多理由可以說明這些假定的界限根本無法確定，因爲如果要檢驗意見受攻擊的那些人是否受到了冒犯，我想經驗一再證明只要其所受攻擊是有效且有力的，則冒犯就是一定的，每一個緊相逼迫而令其難於作答的反對者，如果再對那一主題表現出任何激情的話，在他們看來就是一個無節制的反對者。儘管從實踐的角度看，這是一項重要理由，但與更爲根本的反對理由還不可等量齊觀。無疑，對一項即便是正確的意見的堅決維護，這種態度本身就可能是非常令人反感的，也當然就可能會招致嚴重的指責。但最主要的冒犯，則來自於除非透過他自己不經意的洩露，否則就極難證明其罪過的那種類型。其中最嚴重是，強詞奪理地詭辯、隱瞞事實或論據、顚倒事件的要素、曲解對方的意見。然而，所有這些行爲，即便達到最嚴重的程度，在那些不能被視作並且在許多方面也不應被視作無知或低能的人那裡，也總是在其完全的誠意下屢見不鮮地上演著，因而也就幾乎不可能以充足的理由，認眞地將其打入道德上有虧的不正當的代表之列；而法律就更不能冒昧地干涉此類有爭議的不當行爲了。至於通常所指的過激辯論，即惡語謾罵、諷刺挖苦、人身攻擊以及諸如此類的作法，如果對這種語言利器的斥責，總是同等地要求雙方都不要使用，也許應該得到更多的支援；可是人們卻僅僅希望限制使用它們來反對主流意見；如果反對的是非主流意見，則它們不僅可以被使用而不致遭到普遍反對，而且使用者還有可能贏得激於義憤而熱誠衛道的讚譽。然而不論如何，當將其用於反對相對無力自衛的那一方意見時，它所導致的損害都是最嚴重的；而且無論任何意見能夠從這種回護模式中收到多少有違公平之利，得利者幾乎都無一例外地是公認的主流意見。這其中，爭辯者所可能會犯的最壞一種冒犯，就是污蔑抱持相反意見的對手乃是不道德的壞蛋。此類中傷，是那些抱持某種非通行意見的人尤其容易招致的，因爲一般來說他們畢竟人少且沒什麼影響力，除了他們自己，沒人在意他們是否得到了公正對待；而從這種事情的本質上看，那些打算攻擊主流意見的人是用不得這種武器的：因爲他們既不能保證自身安全地使用它，而且即便能夠使用，也勢必只會引火燒及自身。一般說來，與通行意見相反的意見，只有使用刻意自我節制的謙和之語，並且極其謹慎地避免不必要的冒犯，才有可能獲得發言的機會，在用語上哪怕僅僅偏離一點點，也很難不失去陣地；而主流意見一方如果使用無度的辱罵，卻的的確確能夠嚇阻人們發表相反的意見，即便有人敢發表，也沒人敢去聽。由此看來，爲了眞理和公道，在主流意見這一面限制使用無節制的謾罵之語，其重要性遠勝於對非主流意見那一面的同等要求。舉例來說，如果必須要做一選擇，那麼可能更需要勸阻對非主流的無神論的冒犯性攻擊，而不是勸阻針對主流信仰的同樣行爲。但是，顯然法律和權威當局都無權限制任何一方，而是應當由輿論根據每一件事的實際情形做出裁決；由輿論去譴責每一個在辯護方式上表現出缺乏公正、用心不良、褊狹固執、毫無度量的人，而不論他站在論辯的哪一方；不能根據一個人的立場推斷他有上述不道德的地方，儘管他在該問題上的立場跟我們恰好相反；同時對於每一個不論抱持何種意見的人，如果他總是能冷靜了解並誠實說明他的對手及其觀點的眞正情形，既不誇張任何對他們不利的地方，也不隱瞞任何對他們有利或被認爲可能有利的地方，那麼也應該給予他應得的讚譽。這是公共討論的眞正道德；即便它經常被違犯，但我還是樂於認爲，有許多論爭者在很大程度上都遵循著它，而且還有更多的人眞心地向其靠近。

注釋

【1】正當這些文字幾乎快要寫完之時，一八五八年的《政府出版檢舉條例》恰好出臺了，就好像故意要跟我唱一個有力的反調一樣。但是，這種對公衆言論自由的失當干涉，並不能讓我更動正文的任何一個字，也不能根本削弱我的信念：除了短暫的恐慌時期，對政治言論施以痛苦和懲罰的時代在我們國家已成過去。因爲，首先，這一條例並沒有被堅持下來；其次，確切地說，它們從未被用於政治檢舉。已被檢舉的罪行並不是對制度、對統治者行爲或人身的批評，而是對誅殺暴君之合法性這一被認爲是不道德的信條的傳播。

如果要使本章所做的論證仍然保持有效的話，那麼作爲一個道德信念問題，任何信條，無論其可能會被視爲如何不道德，都應該具有表達和討論的完全自由。因此，無論誅殺暴君的信條是否應該受該條例管轄，都跟本章論題無關，也不適合在這裡考察。對我來說，只要指明以下幾點就可以了：這個題目在所有時代一直都是開放的道德話題之一；公民個人去殺死一個把自己置於法律之上，以致任何法律的懲罰或控制對其都已無效的罪犯，一向都被整個民族以及某些最賢德、最睿智之士視爲美德之舉，而不是一項犯罪；並且，無論對錯，它並不屬於暗殺性質，而是內戰性質。因此，我認爲，只有在特定情況下，煽動教唆這一作法可被適當地施以懲罰，即當煽動之後緊跟的是公然的行動，並且至少在行動和煽惑之間可以建立起可能的關聯的情況下。儘管如此，只有受到攻擊的政府自身，出於自衛，才能合法地懲罰那些直接顛覆其存在的攻擊行爲，而不能由外國政府代勞。

【2】**devil's advocate**，非指眞正獻身魔鬼者，而是指故意吹毛求疵的人。在追封聖徒時，羅馬天主教會委派專職人員竭盡全力地挖掘受封候選人是否有任何瑕疵從而不配得到聖徒的榮譽，這名調查人員就叫 **devil's advocate**。——譯者注

【3】語出湯瑪斯・卡萊爾：《司各特生平傳》，載《倫敦與威斯敏斯特評論》，卷六暨卷二八（卷號如此寫是因爲這個刊物是由兩個刊物合併的，卷六是針對《倫敦評論》而言，卷二八是針對《威斯敏斯特評論》而言——譯者注），一八三八年一月，第三一五頁。——原編者注

【4】**i maëstri di color che sanno**，義大利語，出自但丁《神曲・地獄》第四章第一三一行，但丁原文爲單數 **imaëstro di color che sanno**，只用來指稱亞里斯多德，彌爾在這裡用爲複數，共同指稱柏拉圖和亞里斯多德。——譯者注

【5】Calvary，髑髏地，即耶穌被釘死之地。——譯者注

【6】指主審耶穌的該亞法，參見《新約．馬太福音》26:65。——原編者注

【7】參見《新約．使徒行傳》7:58-8:4。——原編者注

【8】即馬可．奧理略，其全名爲 Marcus Aurelius Antoninus。——譯者注

【9】參見博斯韋爾所著的《詹森傳》（James Boswell, *The Life of Samuel Johnson*, Vol. II, p. 250 (7 May, 1773), cf. Vol. IV, p. 12 (1780)）。——原編者注。Samuel Johnson（一七〇九～一七八四），英國文學史上最重要的評論家、詩人、散文家、傳記家和詞典編纂家，其編纂的《英語詞典》對英語發展做出了重大貢獻。——譯者注

【10】參見狄摩西尼：《駁提摩克拉底》。——原編者注

【11】湯瑪斯．普利（Thomas Pooley），博多明法院（Bodmin Assizes），一八五七年七月三十一日。同年十二月，他得到了王室特赦。

【12】喬治．雅各．霍利約克（George Jacob Holyoake），一八五七年八月十七日；愛德華．特魯洛夫（Edward Truelove），一八五七年七月。

【13】格萊興男爵（Baron de Gleichen），莫爾伯勒街警備法庭（Marlborough-street Police Court），一八五七年八月四日。

【14】在近日印度兵（Sepoy）暴亂這件事上，鋪天蓋地的迫害激情，已經與我們民族性格中最壞部分的全面展現結合在一起了，人們可以從中得到足夠的警示。教堂講壇上狂熱者或僭越者的叫囂當然不值得關注，

但是已有福音派教會首領宣布他們對印度教徒和伊斯蘭教徒的統治原則：學校如果不宣講聖經，就不給予公帑的支持，並且想當然的，除非是眞正的或僞裝的基督徒，否則不能被授予公職。據報導，一位副國務大臣，在一八五七年十一月十二日向他的選民演講時說過，「不列顚政府寬容他們的信仰」（不列顚億萬臣民的信仰），「寬容他們自稱爲宗教的迷信，已經阻礙了英國名譽的上升，妨礙了基督教的健康成長……寬容當然是這個國家宗教自由的偉大基石，但是請不要讓他們濫用寶貴的寬容一詞。照他的理解，寬容意指在具有同樣崇拜基礎的基督徒之中，大家都有完全的崇拜自由，意指具有同一信仰仲介的基督教內部所有教派和教會之間的寬容。」（見《泰晤士報》，一八五七年十一月十四日第四版）我希望大家注意這樣一個事實，在自由派內閣執掌的這個國家政府下，一個被認爲適合充任高級公職的人，竟然會堅持這樣的信條，即凡不信基督爲神的人都應排除在寬容範圍之外。一個人在看了這種低能的表演之後，還會耽於宗教迫害已經一去不返的幻想嗎？

【15】nisi prius，拉丁語，法律用語，意爲「除非事先確定，否則不予受理」；這裡取其引申義，指對事先已有確定答案之問題的辯護。——譯者注

【16】參見《新約》之〈路加福音〉、〈馬太福音〉等相關章節。——譯者注

【17】見德爾圖良：《護教篇》（Tertullian, *Apology*）。——原編者注

【18】譯者按：嚴復舊譯《群己權界論》於此段加有按語，謂此段「雖為反對之言，然其中含至深之哲理，讀者察之」，可以參考。

【19】參見《歌羅西書》3:22-4:1。——原編者注

【20】此說不見於《可蘭經》，但可見於查理斯．漢密爾頓譯的四卷本《希大亞教法經（教法指南）：穆斯林律法注解》（Charles Hamilton, *The Hedàya or Guide: A Commentary on the Mussulman Laws*, 4 vols. [London: Bensley, 1791], Vol. II, p. 615）。——原編者注

第三章　論作為幸福因素之一的個性自由

人類在形成意見以及毫無保留地發表意見上，之所以不可不自由，其種種理由已一如前述；思想言論的自由若得不到承認，或沒人突破禁令而加以力主，其對人類智性進而德性的種種惡果，也已一如前述。接下來我們要考察的是，是否能以這些同樣的理由，來主張人類應該依照自己的意見自由行動——即只要他們願意自負責任和自擔風險，就應該不受同胞實質的或道德的阻撓，而將其意見貫徹到自己的生活之中，當然前面那個附加限制是不可或缺的。沒有人妄言一切行動都應該像意見一樣自由。相反，即便是意見，如果其表達所處的情形，使它的表達對某些有害行爲會構成積極的煽動，也要失去其豁免權。譬如說糧商乃是令窮人忍饑挨餓的罪魁禍首，財產私有無異於搶劫越貨，這樣的意見如果僅僅是透過報刊而傳播，應當不受干涉；但是，如果面對一群正聚集在糧商門前的氣勢洶洶的暴民，有人再去公然宣講或張布告示傳播前述意見，就該受到應有的懲罰。無論何種行爲，但凡沒有正當理由而貽害於人，都該受到反對意見的抑制；如有必要，還應透過人們行動上的干涉加以阻止，如果情形嚴重，則人們做出上述遏阻之舉就爲絕對需要。是故個人自由必須要有所限制，即無論如何不能令自己妨礙他人。如果其能在涉及他人之事上避免妨害他們，而僅僅在事關自己之事上隨心所欲、爲所欲爲，那麼能夠表明意見應予自由的那些理由，同樣也可以證明，只要其自負後果，就該被允許將自己的意見貫徹到行動之中而不受干涉。諸如，人們不可能絕對不會錯；人類的眞理往往半眞半假；如果不是出於互相反對之意見極爲充分而又最爲自由的較量，意見的統一並不可取，在人類尚未比今天更有能力認識眞理的全貌之前，意見的紛歧非但無害甚且有益，這些原則適合用於說明人們行爲方式應該自由，相比其適合說明意見自由亦絲毫不遑多讓。正如只要人類未臻完善，允許不同意見的存在就是有益的；同樣，在生活方式上允許不同的嘗試，也是有益的；各種性格只要不傷及他人就該給予其自由發展的空間；只要有人願意一試，不同生活方式的價値就該允許透過實踐去證實。總之，在並非首先涉及他人的事情上，個性就應該得到伸張。如果行爲法則不是出於個人的性格，而是出於他人的傳統或習俗，人類幸福就缺少了其首要因素之一種，而這項因素恰恰對個人和社會的進步十分重要。

在堅持這項原則時，將要遇到的最大困難，不在於怎樣向人們說明通向公認目標的方法，而在於一般人根本不關心這個目標本身。假如人們認識到，個性的自由發展是幸福首要而必不可少的因素之一，認識到它不只是與文明、教導、教育、文化那些名詞所指內容相配合的因素，而且它本身就是這些事物的必要組成部分和存在條件，那就不會有低估自由的危險，在個人自由與社會控制之間做出調整，也就不會有特別的困難。但糟糕的是，在一般人的思維模式下，個性的舒展（individual spontaneity）幾乎不被認爲具有任何內在價值，值得爲其自身之故而予以些許關注。大多數人以人類現有習俗爲滿足，蓋現有習俗即是大多數人所爲之，如此，他們就不能理解爲什麼那些習俗並非對每個人都足夠好；甚且，在多數道德和社會革新者的理想中，個性舒展根本就不在考慮之列，反而以仇視的心理認爲：其對他們自認爲最有益於人類的良法美意獲得普遍接受只會徒生滋擾，甚至可能成爲叛然相違的障礙。德國著名學者和政治家威廉・馮・洪堡著有一書，其大旨謂：「人的（眞正）目的，或曰由永恆不變的理性指令所規定而非變幻不定的喜好所提示的目的，乃是令其能力得到最充分而又最協調的發展，使之成爲一個完整而一貫的整體。」因此，「每個人必須不斷努力向其趨近，尤其是那些意欲教化同胞的人必須一直關注的目標，就是能力與發展的個性化。」爲此，必須具備兩個條件：「一是自由；二是千差萬別的環境。」二者結合便可產生出統一在「首創性」中的「個性活力與豐富差異」[1]。然而洪堡之意，除德國外，能解者實寥寥無幾。

洪堡之旨，固然爲世人所罕聞，並且還可能會因個性被賦予如此崇高的價值而令人感到詫異，然而，我們必須意識到，問題只在於程度有別而已。沒有人會認為，行為上的完美只能來自於彼此亦步亦趨地模仿照抄；也沒有人會斷言，人們不該為自身的生活方式以及事關自身的行為，打上一己判斷與個人性格的烙印。反之，妄稱彷彿彼等出生之前世界一團黑暗，或人類迄今之經驗尚不足以顯示各種生存與行為方式孰優孰劣，事事皆須人們從頭開始，則同屬荒謬。沒有人否認人在年輕時應該接受教育與訓練，讓他知道並受益於人類經驗業經確定的結果。但是，當一個人各項能力已臻成熟，以他自己的方式利用和解釋經驗，乃是人之為人的特權與固有條件。從過往經驗中找尋哪些東西適用於自身處境與性格，是他自己的事。他人的傳統和習俗，在一定程度上乃是經驗教給了他們哪些教訓的證據；作為有事實依據的斷定，正因如此有理由要求人遵從。不過，第一，這些經驗有可能太過偏狹，或他們給的解釋未必正確。第二，即便他們的解釋是正確的，但卻並不適合於他。習俗適宜尋常情境與尋常性格，而他所處情形或他的性格卻或許是非同尋常的。第三，即便習俗足夠好，並且也適合於他，然而僅僅因習俗即要他去遵從，就不能使他作為人類天賦異稟的任何屬性得到培育和發展。人類的諸種能力：如感知、判斷、識別、心智活動以及道德傾向等等，只有在有所抉擇時才能得到運用。如果僅僅是循規蹈矩，那他就沒有做出任何抉擇；既無抉擇，對於分辨與要求最佳的事物，就沒有得到實際的鍛鍊。心智與道德的能力跟體力一樣，只有運用才能得到增強。如果僅僅因他人有所行動自己就去仿效，這跟因他人有所相信自己就相信一樣，人的能力不會因此而得到任何運用。如果某項意見尚未爲一個人的理性所信服就予以採納，那麼他的理性非但不會因此有所增強，甚至還有可能被削弱；同理，如果一種行爲的誘因，並非出自與他自己的感覺和性格相合的那一類（這裡暫不涉及他人的情感或權利），那麼不僅不能使他的感覺和性格變得活潑有力，而且還會使它變得麻木遲鈍。

如果一個人將自身生活計畫的選擇，全部委諸世人或自己的生活圈子，則毋須賦予他任何其他能力，只要有猿猴一般的模仿力就足夠了。而自行選擇生活計畫的人，卻需要調動他的所有官能，他必須運用自己的觀察力去看，用推理與判斷力去預見，用行動力去蒐集供做決定的材料，用辨別力去做出裁決，裁決既定之後，猶須用毅力與自制力去堅持深思熟慮後的決定而不致放棄。並且，在行爲上，他做決定根據自己的判斷和感覺的成分愈大，他所需要和運用的這類屬性也就愈多。可能，不調動這些能力屬性，他也會經引導而走上正道，不致誤入歧途。然而，人之爲人的比較價值，究竟何在呢？眞正重要的，不僅是人們所行何事，而且還應包括如此行事者是何等樣之人。在人類正確運用人生以求完善和美化的各種功業中，最重要的無疑還是人自己。假使可以由一種人形機器來完成諸如建築、耕種、征戰、斷案，乃至修建教堂、祝頌祈禱等種種活動，把那些儘管目前生活於世界文明發達之域，但卻無疑只是自然能夠和將要創造出來的最貧乏標本的一干男女，置換成這些機器人，也將是一項相當重大的損失。人性並不是一部按照一種模型組建起來，並被設定去精確執行已規定好的工作的機器，人性毋寧像是一棵樹，需要朝各個方面去成長與發展，並且根據使它成爲一個活體生命的內在力量的傾向去成長與發展。

人們大概能夠認可，值得讓人去運用自己的理解力，對習俗做理智的遵循或偶爾有意的偏離，這總比盲目和簡單的機械服從要好。因而，在一定程度上，人們會承認理解應該出於自身；可一旦說到人們的嗜欲與激情也應出於自己，或說讓人保有任何出於自身而又有力的衝動根本沒有什麼危險或害處，人們就不會同樣情願地予以承認了。然而欲望與激情，跟信仰與克制一樣，同爲一個完整之人的組成部分：只有在失去適當的平衡，亦即當一組目標和傾向發展出力量，而另外一些本該與之相反相成的目標和傾向仍處於衰弱無力的狀態之時，強烈的衝動才是危險的。人之爲惡，並非激情如火之故，而是因爲良心孱弱。而且，並非只要感情強烈，良心必定孱弱；相反，缺乏激情與良心孱弱倒是天然的一對。若說某人的欲望與情感，較之他人更爲強烈而繁富，也無非僅僅表明其於人之天資稟賦，具備更多的質料，因而，其可能更有能力便於爲惡，卻也當然更有能力便於爲善。激情澎湃無非是精力充沛的另一說法罷了，富於精力固然可能爲惡，但更多的善舉總是出自活力充沛的性格，而非出自萎靡怠惰者之手。那些極富自然性情的人，也總是能夠習得最強烈的文明性情。恰恰是這種令個人欲望鮮活而有力的強烈情感，也能令人產生最熾烈的好德之心以及最嚴格的自我克制。社會必欲盡其職責而保衛自身利益，唯有透過扶植培育這些性情，而不能因不知如何塑造英雄，就把塑造英雄的材料一併拋棄。一個欲望與激情出於自己的人——這是他自己天性的表現，儘管這種天性經過了自我修養的發展和陶冶——才可稱得上有性格。而一個欲望與激情不能由自己決定的人，毫無個性可言，跟一臺蒸汽機毫無個性沒什麼兩樣。如果一個人的情感不僅出於自己，而且強勁有力，並受著堅定意志的統屬，那麼這個人就是具備了旺盛飽滿的性格。如果有人認爲不應鼓勵發展個人獨具的嗜欲與激情，則無異於說社會根本不需要強而有力的性格，衆多富於個性之人充斥於社會反而不是什麼好事，人們較高水準的平均活力亦無足取，世間豈有如此道理？

在社會的早期狀態下，人類欲望與衝動的力量可能或確曾遠爲強大，社會當時所具有的權力不足以對其加以規範和約束。自發與個性的成分一度確實是太過了，社會規範與之進行了艱難的鬥爭。當時的困難在於，引導身強力壯或桀驁不馴的人抑制自己的衝動而服從規則。爲克服此一困難，法律和紀律應該像那些與列國君主相鬥爭的古羅馬教皇那樣，確立一種統攝整個人的權力，要求控制他的全部生活以便約束他的性格，因爲當時社會還沒有找到任何其他足以約束人們性格的手段。然而，如今社會已經大大強於個人了；對人性的威脅不是來自於個人激情與嗜欲的過分，而是來自於其不足。從前，那些或以地位尊崇，或以天賦異稟動輒違法亂紀之人的激情，必須受到嚴格的約束，以使普通人在他們鋒芒所及的範圍內享有起碼的安全；如今，情勢已大爲改變。在我們的時代，從社會的最高級到最低級，每個人都生活在懷有敵意的目光與令人恐懼的審查之下。不光在關涉他人之事上，而且在僅僅關涉自身之事上，個人或家庭也不敢依照自己的意見問一問什麼才是我想要的？什麼才適合我自身的性格和氣質？什麼才能讓我身上最優秀與最高尚的東西得到公平發揮，使之得以茁壯成長？他們問自己的反倒是，與我的身分相符合的是什麼？與我地位與財力相仿者通常都做些什麼？更糟糕者，要問比我地位與財力更高者通常會做些什麼？我並不是說，他們本有自己的好惡，只是在做選擇時屈從於習俗。其實他們除了從俗之外，根本就談不上有什麼嗜好。於是，心靈本身也向束縛低頭：乃至尋樂自娛，首先想到的也是要從俗合流，他們樂於混跡於人群之中；即便有所選擇，也是在諸多眾人慣行之事之間選擇而已；獨特的品味、反常的行為，在他們看來恰如犯罪一樣避之唯恐不及。開始只是擱置自己的本性而不用，最終根本沒有了可以遵循的本性，因為他們身上為人類所獨具的性能已經枯萎乃至衰竭了。他們已無能力再生出強烈的願望與固有的快樂，而且一般也喪失了源於自身或可以歸之於他們自身的意見與情感。然而，這是不是人性應有的狀態呢？

在喀爾文派的教義看來，人性本該如此。依照那種理論，人的最大罪孽就在於自我意志。人類力所能為的一切善行，都包含在服從之中。你不可選擇，必須遵令而行，不存在例外：「義務之外，皆為罪業。」既然人性本惡，因而除非將自身所含人類本性剷除淨盡，任何人休想得到救贖。對於持有這種生命觀的人而言，摧毀人的任何先天資質、後天才能以及感受能力，都不是罪惡；除了能令自己屈服於上帝意志之外，人類毋須任何才能；如果有人使用任何天資去做了其他之事，而不是為了更有效地服從那個所謂的意志，那麼倒不如沒有那些天資更好，這就是喀爾文派的學說。而許多自認為不屬喀爾文派信徒的人也持有類似的看法，只不過略為弱化而已；弱化之處包括：對所謂上帝意志的解釋更少一些禁欲色彩；聲稱根據上帝意志，人類的一些愛好可以得到滿足；當然滿足的方式不能任由他們自擇好惡，而應該遵循服從的途徑；也就是說，要遵循由權威指定給他們的途徑。既然有這樣的必要限制，因而二者實在沒什麼區別。

目前，這種狹隘的生命理論，以及它所嘉獎的逼仄壓抑的人類性格，在這種隱蔽的形式之下，竟有愈演愈烈的趨勢。許多人無疑眞誠地認爲，人類如此被鉗制被削弱，乃是造物主的本意；這就好比許多人認爲，樹木經過修剪乃至雕琢爲動物形狀，要比自然賦予它的本來面目好看得多。但是，如果相信人是由一個至善至仁的神所創造屬於任何宗教的一部分，那麼與此種信仰更爲相合的應該是，相信神賦予人的一切能力都該得到培育和發展，而不是被根除或消滅，相信神樂於看到祂的創造物步步接近內在於他們自身的理想觀念，樂於看到他們的理解能力、行動能力乃至享樂能力的每一步增長。世上本來就有與喀爾文教迥異的人性完善的類型：那是一種比較人道的觀念，因爲它認爲人被賦予各種天性本是爲了讓他完成其他各種目的，而非僅僅爲了壓抑克制。「異教徒的自我伸張」與「基督徒的自我克制」，同爲人類的可貴之源[2]。在柏拉圖和基督教的克己自制的觀念中，都混合著自我發展的希臘思想，而非取而代之。做一個約翰．諾克斯，也許勝於做一個亞西比德，而做一個伯里克里斯，卻比二者都要好；而假使伯里克里斯生活在如今這個時代，也不會沒有約翰．諾克斯之所長。[3]

要想讓人類成爲値得矚望的尊貴美好之物，不能消磨一切個人所獨具的殊才異稟使之泯然於衆，而只能在無損於他人的權利和利益的範圍內使之得到培育與發揚；而且既然作品總是能夠反映創造者的性格，那麼經過同樣的過程，人類生活也會變得更豐富多彩，生氣盎然，還會給高尙的思想和崇高的情感帶來更充分的滋養，並透過讓所屬族群更値得個人爲之自豪而加強每個個體與族群之間的聯繫。隨著個性的張揚，每個人變得對他自己更有價値，也因此就能更有益於他人。以個人的存在而言，生氣更爲充沛，而由於個人生氣更爲充沛，由個人組成的群體生機也就更爲蓬勃。當然，爲了防止天生更爲強壯的個體侵犯他人的權利，必要數量的限制還不能免除，但是要以從人類發展的角度看來所得大於所失爲限。如果因個人一己之好有損於他人而剝奪其發展手段，其損失主要以成就了他人的發展而得以補償。甚至對他本人來說，正因限制了其本性中的自私部分，而令其中的利他部分可能有了更好的發展，因而得失之間也足以相抵。爲了他人而受制於正義的嚴格規則，正可以發展以他人利益爲目標的情感和能力。但是如果事情無關他人利益，僅僅因爲冒犯了他們的忌諱而讓人受其限制，則不會發展出任何有價値的東西，反倒只會生出反抗限制以圖一逞的暴力性格。而人若是屈服於這種限制，則就會削平乃至磨光其全部天性。要使每個人的天性都得到公平發展，最關鍵的就是要容許不同的人去過不同的生活。無論哪個時代，個性自由得以發揮的程度是否寬廣，都是後世對其豔羨或鄙棄的標準。只要個性在其之下還能得以存在，即便是專制也還沒有產生它最壞的惡果；而凡是摧毀人之個性的，卻都可以稱之爲暴政，無論它以什麼名目出現，也無論它宣稱執行的是上帝的意志還是人民的命令。

我既已說明個性與發展乃是同一回事，只有個性得到扶植培育，才造就出或才能造就先進的人類，這裡本可以就結束這一論證了：因爲在人類事務的極限之內，既然個性的舒展可以讓人類自身接近其所能達到的最佳境地，還有什麼更多更好的話値得一說呢？或者說到對於人類幸福的阻礙，還有什麼比壓抑個性更爲可惡呢？然而，這些理由無疑仍不足以說服那些最需要被說服的人們；必須進一步說明，人類中的這些先進者總是或多或少有益於那些未進者——即向那些不渴求自由，也不稀罕自由之助益的人點明，如果允許他人利用自由而不加以阻撓，他們也會在某些不難理解的方式下獲得回報。

那麼，首先我要提示的是，人們可以從特立獨行的先進之士那裡學得某些東西。沒有人會否認，首創性乃是人類事務中的可貴要素。人們不僅總是需要有人去揭示新的眞理，指出過去哪些眞理已然不再正確，而且總是需要有人開創新的慣例，爲人類生活樹立更文明的行爲以及更高尚的品味和情趣。只要人們還不認爲這個世界在一切習俗與慣例上已經臻於盡善盡美，對此就不能給予有力的反駁。不可否認的是，不能期望庸常之衆都有能力提供這種惠益；在人類之中，其生活實驗一旦被他人採納，就會對成規慣例可能有所改進的，僅有少數人而已。然則這些少數人必是人中之精英，有如地上的鹽，沒有他們，人類生活將會變成一潭死水。不獨古代所無的佳言懿行有待他們引介，即便現今已有者也需要他們保持其生命力不致衰退。即便沒有新的事情可做，人類智慧難道就再沒有存在的必要了嗎？那些慣於依舊例而行的人之所以會忘記如此行事的理由，且做起事來不像人類而是如同牛馬，難道不值得一問究竟嗎？絕佳的信仰與慣例一變而衰退爲空文死法，世間這種勢頭再大不過了；如果不是不斷有人以其隨起隨生的原創力，阻止那些信仰和慣例變得只剩下機械的傳統，那麼如此僵死之物將禁不起任何眞正有活力的事物哪怕最輕微的一擊，而且也沒有理由再說文明不會像在拜占庭帝國那樣蕩然消亡。同樣不可否認，天才之士乃是且恐怕永遠都是很小的少數；然則爲了擁有天才，就必須維護他們得以生長的土壤，天才只能在自由的空氣裡自在地呼吸。既云天才，顧名思義，定然會比一般人更具個性，惟其如此，也比一般人更沒能力適應社會既定的有限模式而不受到禁錮的傷害，這些模式本是社會爲避免其成員各自形成性格而招致麻煩才規定的。假如他們因怯懦而被迫同意將自己納入那少數模型之一，而令自己所有還未能展開的天賦在壓力下繼續保持淹沒不顯，則對社會而言，雖有天才卻實未受其益。假如他們性格剛烈，則必會掙脫枷鎖，致令社會因未能成功磨掉其稜角以使之平凡而蒙羞，因此就會爲其加諸「野人」、「怪物」等等帶有嚴重警告意味的稱號；這跟有人看見尼亞加拉河激流沖蕩，就抱怨它不像荷蘭運河那樣沿著兩岸堤渠靜靜流淌有什麼不同嗎？

我這樣斷然強調天才的重要，以及應該允許他們在思想和實踐上自由舒展的必要，是因爲我深知雖然理論上沒人會反對這一立場，但是我也知道事實上幾乎每個人對此都完全漠不關心。人們以爲，如果天才不過意味著可以創作出動人的詩歌或悅目的圖畫，那固然是好。但是一說到它的眞正所指，亦即思想和行動上的首創，儘管沒人會說那並不値得如何誇讚，卻幾乎所有人心裡都不以爲然；以爲沒有它，人們照樣會做得很好。不幸的是，這種事情太過正常，以致不足爲怪。不具首創力的頭腦自然不能感受到它的用途。他們不能領會首創力爲他們做了些什麼，他們怎麼能領會得了呢？因爲若他們能夠明白它會爲他們做些什麼，那它也就不是什麼首創了。首創力得爲他們效勞的第一件事乃是打開他們的眼界：一旦眼界被完全打開，他們就有機會使自己成爲具備首創力的人。同時，他們只要想到若不是有人破天荒去做，任何事情就永遠不會完成，而且我們今日一切美好事物都是拜首創力之所賜，就會讓他們非常謙虛地相信，世間尚有某些事情等待有人去完成，也使他們自己確知，其愈是感覺不到首創力的缺乏，就愈是需要它。

自嚴肅的事實而言，不管人們對眞正的還是他們認定的智力超群者表達乃至給予了怎樣的尊敬，遍及世界的普遍趨勢仍然是使庸衆成爲人世間的支配力量。在上古、中古乃至從封建時代向目前時代其程度漸趨減弱的漫長過渡時期，個人自身都還能作爲一種力量存在；如果他擁有卓越的天才或崇高的社會地位，他就會具備相當大的勢力。而如今個人卻消失在人群之中了。拿政治來說，毋庸贅言，世界現在是由公衆輿論來統治的。唯一名副其實的力量乃是群衆的力量，以及作爲群衆傾向和本能之代理機構的政府的力量。不獨公共事務爲然，即便在事關私人生活的道德和社會關係上，也莫不如此。那些其意見假公共意見以行的群衆，並不總是名副其實的公衆：在美國所謂的公衆即是全體白人，在英國主要是中產階級。不過他們總歸是群衆，確切點說，就是群集起來的庸衆。而且更爲奇怪的是，如今群衆既不從教會或國家的顯貴人物那裡，也不從名義上的領袖或者書本那裡取得自己的意見；而是讓一些跟他們非常相像的人們代其形成意見，那些人受一時之激，透過報章向他們發表演說或直接以他們的名義發言。我並不是在抱怨這一切。我也並不認爲，就一般情形而言，還有什麼更好的事物能跟目前低弱水準的人類精神狀態相容不悖。但是庸衆的政府，終究逃脫不了變成平庸政府的宿命。從沒有一個民主制或多數貴族制政府，在無論政治行爲還是在由其培養的言論、品質和精神氣度上，曾經達到或者能夠上升到平庸之上，除非擁有最高統治權的多數能令自己接受一個或少數幾個擁有更高天賦和教養之人的勸導（在國運極盛時期，他們總是這樣做）。一切睿智或高貴的事物，其創始都出自且必定出自少數個人；而且一般說來，最先總是出自某一個人。普通人的英明與光榮就在於能夠追隨這種創始，能夠衷心響應那些睿智高貴之事，並且不顧一切毅然相從。我並不是在鼓吹那種「英雄崇拜」，歡迎由一個天才的強者強行攫取世界的統治權，讓世人無論如何都要聽命於他[4]。他所能要求的，只是爲人們指出道路的自由而已。強制他人必須走他所指的道路，這種權力不但與其餘所有人的自由與發展相違背，而且足以令強者自身腐化墮落。然而，如今僅僅由普通人組成的群衆，其意見已成爲或正成爲無處不在的支配力量，能夠平衡和矯正這種趨勢的，似乎只有那些思想高標之士不嫌其多的鮮明個性。特別是在這種情形之下，非但不應阻止，而且還應鼓勵特立獨行之士故意做出異於群衆的行動。至於其他時期，僅僅行事怪異並無多少益處，除非他們所行不僅異於常人，而且比常人做得更好。而在如今這個時代，一項僅僅不屑苟同的先例，一種僅僅拒絕向習俗屈膝的姿態，其本身就是一種貢獻。正因爲輿論的專制已經令突破常規成爲衆矢之的，爲了要打破這種專制，恰需人們做出反常之舉。無論何時何地，若是其間飽含性格力量，怪癖行爲也必定隨處可見。而一個社會怪誕之行的多寡，一般說來也跟其所含創造才能、精神活力以及道德勇氣的多寡恰成正比。今日敢於獨行怪癖之人少之又少，正是這個時代大爲可懼的標誌。

既然習俗總是從非常之事發展而來的，因而有必要對不合習俗的東西盡可能給予最自由的發展空間，以便可以隨時發現其中有哪些東西適合轉成習俗，這一點已經明確。但是特立獨行和蔑視習俗之所以值得鼓勵，並非僅僅因其可以爲更好的行爲模式，以及更值得普遍採納的習俗，能夠脫穎而出提供機會；也並非只有智力確然超群之人才有依照自己的方式安排生活的正當權利，沒有理由說一切人類生活都應該被一個或少數幾個模型所築造。如果一個人具備相當的常識和經驗，其以自己的方式籌劃生活，就是最好的，並非因爲這種方式本身就爲最好，而是因爲這是屬於他自己的方式。人類不同於綿羊；即便綿羊也不是完全相同而無從辨別。一個人休想拿到合身的衣服或鞋子，除非它們是根據他的尺寸訂做的，或者有滿滿一倉的衣服或鞋子可供他挑選：難道讓他適應一種生活竟比給他一件合身的衣服還要容易？或者人類彼此在整個身體和精神構造上的差異，竟比腳的形狀差別還要小嗎？即便僅僅以人們的品味愛好而言，其紛繁多樣，已經構成不可企圖用一個模子來塑造他們的足夠理由了。更何況不同的人需要不同的條件以成就其精神發展；在一種相同的道德氛圍和風氣之下，人們不可能健康地生活，這正如所有各種各樣的植物不可能在具有相同空氣和氣候的自然環境下健康地生存一樣。同樣一種東西，對一個人來說可以有助於其培養更高的品性，而對另一個人來說則可能就會構成障礙。生活方式亦然，同一種生活，對一個人來說是有益的刺激，可以令其行動力與感受力都發揮到最好的程度，而對另一個人來說則可能會成爲遏制乃至摧毀其一切精神生活的繁重負擔。既然人類無論在快樂源泉還是痛苦感受上，以及在苦樂對不同肉身和道德主體的作用上，都有如此多的差異，如果不是在他們的生活方式上也對應著相當的多樣性，那麼他們既不會得到應有的幸福，也不能將自身的智識、道德與審美能力提升到其天生所能達至的境界。然則，爲什麼只要關及大衆情感，寬容就只能擴展到受大衆支持而強令他人默從的生活趣味與方式而止呢？當然，（除了某些僧院機構）沒有哪個地方完全不容人們有嗜好上的歧異；對於無論泛舟湖上抑或呑雲吐霧，還是琴棋書畫抑或體育運動，乃至埋頭鑽研抑或紙牌遊戲等等嗜好，一個人都可以或喜歡或厭惡而不受責難，因爲這些東西無論喜歡還是不喜歡的群體都太大了，誰也沒有辦法壓制對方。但是有些人，尤其是女人，卻會因爲做了「衆莫肯爲」之事，或竟而不肯去做「衆皆爭從」之事而遭到譴責，簡直就像犯了某種嚴重的道德罪行一樣，成爲譏評的主題。人們必須擁有一定的頭銜，或其他表示地位的徽記，要不就是受到地位尊崇者的眷顧，才可以奢望稍稍縱其所欲而不致有損他們的聲譽。我再重複一遍，是稍縱所欲而已：因爲不管是誰，一旦再多放縱一點，都會引來比蒙受譏評更加厲害的危險——他們會陷入這種險境，被鑑定爲精神錯亂乃至被剝奪自身財產而交給其親屬。[5]

目前公衆輿論的趨向有一個特點，即對任何顯著的個性流露都特別不能容忍。人群中的庸常之輩不獨智力有限，其癖好傾向亦不鮮明強烈：他們根本沒有足夠強烈的嗜欲與願望讓自己投入任何非常之事，因此也就不能理解具有這種強烈嗜欲與願望的人，而把所有這種人都歸入他們素來表示鄙視的野人或狂徒之列。現在，除了這一普遍的事實，我們只需設想一下，一個旨在提升道德境界的有力運動便會到來，這顯然是我們必須要面對的結果。如今這種運動果然開始了；在增加人們行爲的規範性以及阻止行事偏激方面，它已經取得了很大的實績；並且還到處表現出一種仁愛精神，因爲對於仁愛精神的實踐來說，再沒有比提升同胞的道德與智慮水準更具誘人田地的了。當今時代的這些趨勢，比以前大多數時代都更傾向於促使公衆指定行爲的一般規則，竭力要每個人順從其所認可的標準。這種標準，明言也好，暗示也罷，就是要求對任何事物都不能抱有強烈的欲望。其理想的性格就是沒有任何特出性的性格；就像中國女子的纏足一樣，透過壓制束縛來摧殘人類天性中每一個格外出衆的部分，務將總體上明顯不同的人們馴服成毫無個性的平庸之輩。

由於理想之事的通常情形是，值得擁有的東西總有一半被排除在外，所以當前所認可的標準也就只能產生低劣的半截仿製品。其結果，無論受蓬勃的理性所引導的旺盛精力，還是受良善意志嚴格約束的強烈情感，都渺然而不可得，得到的只是淡薄的情感和衰頹的精力，因而其除了能堅持在表面上順從規則之外，不具任何意志或理性的力量。堪配精力充沛的性格正日益變得因循蹈矩。如今這個國度裡，除生意場以外，精力可謂幾乎毫無出路。消耗在商業上的精力應該說還是相當多的，而商業消耗之外尙餘的少許精力，才被用於某種個人愛好；其也許是一種對人有益甚或是可稱善舉的愛好，只不過終究是僅此一事而已，並且一般說來終嫌其格局太小。今日英國之偉大盡在集體，以個人而言實渺小不堪，我們之所以還能夠產生任何偉大的事物，全在於還保持著聯合行動的習慣；而對此，我們的道德與宗教仁愛之士卻感到心滿意足。但是，英國之所以爲英國，卻不是依賴這些人之力，而是有賴恰恰與之相反的一流人物，如今要避免英國衰落，也正需那另一類人物才行。

習俗的專制在任何地方對於人類的進步都是一種持久的障礙，因爲它總是不斷地反對志在發現優於習俗之物的那種氣質，根據不同的情況，該氣質或被稱做自由精神，或被稱做進步或改良精神。進步精神並不總是等同於自由精神，因爲它可能會將進步之事強加於未必情願的民族；而自由精神，爲抵抗這類企圖，也會與反對進步者結成局部或暫時的同盟；但是進步唯一可靠和恆久的源泉卻是自由，因爲只要有自由，有多少個體，就可能會有多少個獨立的進取中心。然而，進步的原則，不管它表現爲愛好自由還是崇尚進取，其與習俗的統治權勢總是相反對，起碼含有要從那種束縛中解放出來的意思；而進步與習俗的鬥爭，就是人類歷史主要利害關鍵之所在。確切地說，這個世界大部分地方都沒有歷史，因爲那些地方習俗的專制都相當徹底。整個東方就是這種情形。習俗在那裡是一切事情的終審裁決，所謂的公平和正義意指與習俗相一致；只要以習俗爲理由，除了醉心於權力的暴君之外，就沒有人還會想到反抗。而我們已看到它的後果了。那些民族必定曾經擁有過創造力；他們不可能一開始就生活在一塊物阜民豐、文化昌明的土地上，而且憑空通曉多種生活技藝，這一切都是他們自己開創的，並由此將自己造就成當時世界上最偉大最強盛的民族。而他們現在又如何呢？竟成了異族的臣屬或附庸；而當東方民族的先祖已經擁有了高堂大廟之時，那些異族的祖先還在叢林遊獵穴居野處呢！只是對那些異族來說，習俗僅僅施行了部分統治，自由與進步亦作爲規則與之並行不悖。看來，一個民族可能會在一個相當時期的進步之後，陷入停滯：然則停滯始於何時？必是在其不再擁有獨立之個性的時候。如果相似的變化降臨到歐洲各民族之上，其外在情形卻不會完全一模一樣：因爲對這些民族構成威脅的習俗專制，恰恰不是靜止不變。其排斥的是立異，卻不阻止變化，只要是所有人一同改變。我們已經廢棄了先祖們既定的服飾；雖然每個人的穿著仍必須與他人一樣，但款式時尚卻可以一年變上幾次。因而我們要注意的是，即便其有所變化，也只是爲了變而變，而不是出於什麼美觀或便利的觀念；因爲同一種美觀或便利的觀念，不會在同一時刻爲全世界所折服，也不會在另一時刻爲全世界所一同拋棄。但是我們也不是只有變化而無進步：在機械方面，我們不斷有新的發明，並一力維持，直到它被更好的發明所取代；在政治、教育乃至道德方面，我們也未嘗不孜孜以求改進，儘管我們關於道德改進的理想主要在於勸服或強迫他人跟我們一樣。我們反對的不是進步；相反，我們還自我誇耀，說自己是古往今來最進步的民族。我們所不容者乃是個性：我們總以爲只要將自己變得彼此完全相同，就是做出了驚人的奇蹟；卻忘記了一個人與另一個人的不同，一般來說正是最能吸引彼此互相注意的事情，他們會因此注意到自己的缺陷及對方的優點，也會因此有結合各自的長處而產生優於雙方任何一個的新品格的可能。我們要以中國爲前車之鑑。那是一個人才興盛並且在某些方面極富聰明智慧的民族，以其難得的幸運，這個民族在草昧時代就有了一套特別優良的風俗制度，這幾乎是一項即便最文明的歐洲人在一定限制之下也必須承認的聖哲之士開創垂範的功業。同樣令人稱奇的是，他們運用傑出的手段，竭盡可能地將他們所擁有的聰明睿智深印在社會的每一個人心中，並且確保最富智慧的人占據尊貴顯要的高位。想必能有如此成就的民族已經發現了人類進步的祕密，必能使自己的行動穩居世界先列。然而恰恰相反，他們卻從此變得靜止不前，而且一停就是幾千年；欲使其再有更進一步的改善，必得有賴於外人。使人民彼此完全一樣，用同樣的訓誡與規則支配全體人民的思想和行動，正是英國的仁愛之士所勤求致力於之的希望，中國人在這方面取得的成功已然超乎於此，然而他們的結果卻是如此糟糕。現代公共輿論一統天下的體制，正是中國教育和政治體系的翻版，只不過在形式上後者是有組織的，而前者是無組織的；除非個性總是能夠成功地掙脫束縛而伸張自己，不然歐洲雖有恢宏的祖業和基督教的信仰，終將變成另外一個中國。

歐洲何以至今不致遭此命運？歐洲各兄弟民族何以成爲人類的進取之群，而不爲靜止之邦？不是由於他們之中有著更爲優秀的卓越品質，這種品質即便有，也是結果而不是原因；而是由於他們的性格與教養異常歧異多元。個人、階級和民族，彼此之間都極爲不同：他們開拓出大量各種各樣的道路，每一條之通向都有其可貴之處；儘管在每一時期那些走上不同道路的人們彼此都曾不相寬容，每個人都認爲最好是迫使其餘所有人都走上他那一條路，不過他們阻撓其他人自我發展的企圖，幾乎沒有獲得過持續的成功，而每個人也總是能夠隨時在忍耐之餘，接受別人提供的好處。依我的判斷，歐洲之所以能有其進步與多方面的發展，完全歸功於多種多樣的路徑。但是它所擁有的這種益處，卻已開始有相當程度的減少，它顯然正在日益向千人一面的中國理想趨近。托克維爾在他最後一本重要著作中指出，今天的法國人甚至已經比上一代的彼此相像更爲嚴重了[6]，同樣的批評也許可以在更爲厲害的程度上用於英國人。在上文已經引述過的威廉·馮·洪堡的一段文字中，他指出有兩種東西是人類發展的必要條件，因爲那是令人們彼此相異所必需的東西，也就是自由與環境的多樣化。這兩個條件的後一個在這個國家中每天都在減少。圍繞著各個階級與個人並塑造著他們性格的環境正在變得日趨同化。從前，人們等級各異，鄰里有別，行業與職業亦不相同，大家生活在一個可稱相異的世界上；而如今，則在很大程度上生活在相同的世界上。與過去相比，如今他們閱讀相同的書報，耳聞相同的論道，眼觀相同的事物，去往相同的地方，所抱有的祈望和恐懼指向相同的對象，享有相同的權利和自由，其主張權利和自由的手段也無往而不同。地位的差別儘管仍舊很大，但與已經消失的懸殊程度相比，也就微不足道了，何況趨同的勢頭仍在推進。當今時代的一切政治變遷都在推動著這種勢頭，因爲其總是在將低者拔高，而將高者降低。教育的每一步擴展也在推動著它，因爲教育將人們置於共通的影響之下，給了人們通往普遍事實和一般情感的門徑。交通工具的改進在推動著它，因爲它使遠地的居民進入人際交往的範圍，也使異地之間的遷居更加頻繁。工商業的擴展也在推動著它，因爲它使舒適環境的好處傳布得更廣，不管野心奢望的目標有多高，都在公開的普遍競爭之列，因而上升的欲望已不再只是一個特定階級的特徵，而是變成了所有階級的特徵。而比以上數者都更爲有力地促動著人類普遍趨同的力量，則是國內大眾輿論的支配地位在我國和其他自由國度的全面確立。過去人們只要託庇於他就可以置群眾輿論於不顧的那些社會顯要，已逐漸被拉平；而實際從政者一旦明確知道大眾具有某種意志，其內心就連對抗大眾意志的念頭都不會再有；因此，也就再不會出現對唱反調的任何社會支持，也就是說，社會上再也沒有了因反對單純的數量優勢，而願意將那些與大眾不一致的意見和趨勢，納入自己羽翼之下加以保護的實質力量。

所有這些因素結合在一起，就構成了敵視個性的絕大勢力，讓我們很難看到個性如何還能堅持下去。個性必然要忍受這種日益增加的困難，除非能讓大眾中的睿智者感到個性的價值，明白歧趨各異的個性縱然不是都好，甚至在他們看來有些還更壞，容許個性差異仍然是有益的。如果個性的權利還需要有所主張的話，那麼現在正是時候，因爲現在的力量尚不足以徹底完成強迫的同化。只有趁早才能成功占取對抗侵蝕的據點。要其餘所有人同於自己的要求，會隨著隊伍的壯大而增長。如果要等到人類生活幾乎被簡化成一個統一的模式才去反抗，那麼一切背離模式的作法都會被視爲離經叛道，甚至被視爲怪誕荒謬、有違人性。一旦人類日久不見歧異，則很快就會變得連想都想不到還有歧異這回事存在。

注釋

【1】[德]威廉·馮·洪堡：《政府的界限與責任》（Wilhelm von Humboldt, *The Sphere and Duties of Government*），Joseph Coulthard, Jun. 英譯本，倫敦：Chapman 出版，一八五四年，第一一、一三頁。

【2】史德林：《散論與記事》（John Sterling, *Essays and Tales*），倫敦：一八四八年版，第一卷，第一九〇頁。

【3】約翰·諾克斯（John Knox）：一五〇五～一五七二，蘇格蘭宗教改革家，清教主義的創始人，主張虔敬、勤儉、清潔。亞西比德（Alcibiades）：約西元前四五〇～前四〇四，古希臘梟雄，性格放縱恣肆。伯里克里斯（Pericles）：西元前四九五～前四二九，古希臘政治家，民主政治的傑出代表，性格沉毅，守正不阿。——譯者注

【4】此處無疑參考了湯瑪斯·卡萊爾的《論歷史中的英雄、英雄崇拜及英雄氣概》（Thomas Carlyle, *On Heroes, Hero-Worship, and the Heroic in History*）。——原編者注。嚴復謂此處作者意指拿破崙，可做參考。——譯者注

【5】近年來，此類證據的運用既讓人不齒，又讓人覺得可怕，因為任何人都可以據此被依法判處不宜管理自己的事務，並且在他死後還要否定

其對自身財產的處置，當然前提是其中一部分足夠償付訴訟費用，而訴訟費用的多少又取決於財產多寡本身。其日常生活的一切瑣碎細節，都要被徹底調查，並且無論發現了什麼，只要被那些理解和描述能力都低得不能再低的人，視作帶有與絕對平常之物相異的跡象，就會被作爲精神錯亂的證據提交到陪審團面前，而且往往一舉奏效；陪審員即便不是完全與那些目擊者一樣庸俗無知，也好不到哪去；而法官卻也往往助其爲錯，因爲他們對人性與生活的知識異常缺乏，英國法律從業者的這種知識貧乏一直令我們震驚。這些審判非常有力地說明了世俗對人類自由有著什麼樣的感覺和意見。這些法官和陪審員非但不會爲個性確定任何價值，非但不會尊重個人在不關他人痛癢的事情上根據自己的判斷和癖好自由行動的權利，甚至根本就想不到一個人在心智健全的狀態下會渴望這種自由。過去，在有人提議燒死無神論者的時候，有著慈悲心腸的人們常常建議不如將他們關入瘋人院，因爲這樣一來，他們對這些倒楣分子非但沒有施行宗教迫害，而且還採取了合乎人道與基督教精神的處置方式，而他們也因此得到了想要的結果，且未嘗沒有暗地裡的滿足；既然如此，如果我們今天還會看到這種作法，而且行爲者還會因此自我誇讚，也就絲毫不足爲怪。

【6】見托克維爾：《舊制度與大革命》（*L'Ancien Régime et la Révolu-*

tion），巴黎：一八五六年版，第一一九頁。——原編者注。參見中譯本《舊制度與大革命》，馮棠譯，商務印書館，一九九二年版，第一一七頁。——譯者注

第四章　論社會權力之於個人的限度

然則，個人之於自己的主權，其正當界限在哪裡？社會的權力又該從哪裡開始？人類生活哪些應該聽其自謀，哪些應該委諸社會？

如果個人與社會都有其各自特別關切之事，它們就該接受各自固有的部分。凡是生活中大體關係個人利害的事情，就該屬於個性；而凡是主要關係社會利害的事情，就該屬於社會。

儘管社會並非立於契約之上，並且即便發明一項契約使各種社會義務盡出於此也於事無益，但既然每個人都受到社會的保護，就應該對社會有所回報，而且既然事實上每個人都要在社會中生活，就不得不在事關他人的行為上遵守一定的界限。首先，個人行為不得損害彼此的利益，更確切地說，不得損害法律明確規定或公眾默示應予視為權利的正當利益；其次，為保衛社會及其成員免遭外侵及內亂，人人都須（在某種公平的原則下）共同分擔此項必須的力役與犧牲。如果社會成員竭力拒絕履行這些義務，則社會就可以理直氣壯地強制其履行而在所不惜。且社會可做之事不止於此，個人行為即便沒有達到侵犯他人任何法定權利的程度，也可能會對他人造成傷害，或者因考慮不周而對他人不利。如此，則行事者雖不至於要受到法律的繩範，也理所當然地要受到輿論的制裁。只要個人行為的任何部分有損他人利益，社會對此就有了裁奪的正當權力，而這種干涉是否能夠提高社會的總體福利？

也要成爲公開討論的話題。但是當一個人的行爲，其利害僅止於自身而不關涉他人，或雖有影響也是出於他們自願（注意這裡所談及的個人都是指已經成年且具有一般是非常識的人），則上述所論於此迄無用武之地。在一切此類情境之下，他們都該完全不受法律和社會的束縛而自由行動，並且自得其樂或自食其果。

若有人認定這是一種冷漠無情的自私論調，彷彿人類彼此在日常行爲上毫不相干，因而除非事情關係一己利害，否則沒必要互相關心他人立身行事的正當與幸福；這乃是一種大大的誤解。爲提升他人幸福的仁愛之舉非但不該有任何減損，反而需要大大增加。但是這種無私的善行，自有勸誘之法使人樂於從事，不必非得用實際的鞭笞或輿論的撻伐。而在我看來，自愛之私德（self-regarding virtues）絕不容貶低，其重要性即便次於兼愛之公德（social virtues），也不至於相差得太多。對於這二者的培育，同爲教育的職責。但是即便教育，其辦法也有說服勸誘和強迫的分別，而且一旦過了學習階段，私德的培養就只能透過說服勸誘的辦法。人類之所以能夠分辨是非進而避惡從善，實是有賴於彼此互相幫助和互相鼓勵。人們也該永遠互相砥礪，促進各自優異才能的發揮，提升各自的情操與志向，使人在目標與計畫的方向上，日益鄙棄愚蠢而趨向明智，日益遠離卑暗而嚮往高明。但是無論一個人還是一群人，都沒有正當理由對另一個已屆成年的人說，爲了他自己的益處，他不可用其一生去做自己選定要終身從事的事情。因爲對於一己之幸福，他自己才是最關心的人；除了關係最親密的人之外，旁人即便有所關心，與他自己相比也是微不足道的；（除非他的行爲波及他人）社會對他個人的關心也必是支離破碎且完全隔膜的；而對於自己的感覺與處境，縱使最普通的男人和女人，他們自己擁有的認識手段，也必然是任何旁觀者所遠不能及的。在個人僅僅關係自身的事情上，社會要推翻他的判斷與意圖而予以干涉，必定只能出於一般的揣測；這種揣測可能完全錯誤，而且即便正確，卻也多半會被那些僅從外部判斷因而不明就裡的人，將這種一般揣測誤用於個別情境。因此，在那些只關係行爲者自身的人類事務中，個性應該有其正當的用武之地。唯有在那些人們相互關涉的行爲上，才有必要讓一般規則在大多數情況下都得到遵守，以使人們知道他們必須面對的後果是什麼；但在每個人只關係自身的行爲上，他的個體自主性就有權得到自由運用。旁人可以熱心地助其判斷，衷心鼓舞他的意志，乃至強行向他進諫，然而是否採納必須取決於他自己。一個人因不顧勸說與提醒而可能犯下的所有錯誤，跟容許別人強制他去做他們認爲於他有益的事相比，其爲害要遠爲輕得多。

我的意思並不是說，一個人留給他人的觀感，無論如何不該受到他自我對待的私德好壞的影響。這既不可能，又不可取。如果他具備自求多福的傑出品質，那麼他在這點上理應受到讚賞，他也更接近於人類本性理想的完美之境。如果一個人非常缺乏這類品質，那麼對他來說，與讚賞相反的觀感必將隨之而來。又如果他的品行不僅愚蠢，甚至到了可稱卑汙下賤（雖然如此措辭可能會招致非議）的程度，縱使人們沒有理由對他加以懲罰，這樣的人也必定會成爲人們厭惡的對象，在某些極端的情形下，甚至會被人唾棄：因爲一個品行高潔之人無法不對此抱有厭惡鄙視之情。一個人雖然沒有傷害任何人，其所作所爲卻也會讓我們不得不將他判爲蠢材或看作次品：而既然他對蠢材或次品的判定和觀感避之唯恐不及，那麼當其又要以身犯傻之時，事先告誡他如此可能會招致新的令人厭惡的後果，這是對他大有幫助的事。的確，如果人們可以更自由地提供這種善意，而不囿於當前通行的禮貌觀念，如果一個人可以忠實地爲別人指出他認爲的錯誤，而不被視爲無禮冒犯或自以爲是，無疑是更爲有益的事。雖然任何人的個性都不應該被壓抑，但我們還是有權透過各種方式表達我們對他們的反感，這是我們自己個性的表現。舉例來說，我們不必非得跟他交往，我們有權不屑與之爲伍（只是不必大肆宣揚這種不屑），因爲我們有選擇交友的權利。我們有權利，或許也有義務，告誡別人不要與他來往，如果我們認爲他的舉止或談吐可能會對和他結交的人產生有害的影響。我們也可以在提供善意的幫助時，優先選擇別人而不選擇他，除非這種善意可以幫助他改善自身。一個人的缺陷雖然僅直接關係自身，卻可能會受到周遭之人以上各種形式的嚴厲懲罰；但是他所受的這些懲罰，僅僅是這些缺陷自然甚至可說是自找的結果，而不是人們爲了懲罰而有意地強加於他。一個人如果性格輕率魯莽、頑固倔強、剛愎自用，不懂得量入爲出，放縱於有害的嗜好而不知節制，只知追求獸欲的滿足，對情感與智慧的享受不屑一顧，則他必須面對的是衆人對他的不齒，也幾乎不會博得什麼人的好感；對此他沒有權利抱怨，除非他在自身的社會關係內以特別傑出的才華贏得了衆人的好感，並以此建立了取得他們善意幫助的資格，從而不受他個人缺陷的影響。

我所爭辯的是，如果一個人的某些行爲和某些性格，利害僅僅關係自身，而不會影響到與他交往的人，則他遭受的最大麻煩，必須限於衆人的譏評以及隨之而來的不便爲止。如果他的行爲傷害了他人，則需要完全不同的對待。對於像侵犯他人正當權利，無故越權令他人遭受損失或傷害，與別人交往詭譎不信、兩面三刀，不顧公平或有失寬厚地乘勢壓人，乃至臨危袖手見死不救等行爲，人們完全可以施加道德譴責，甚至在嚴重的情況下亦可以施以道德報復或道德懲罰。而且不僅這種行爲令人不能容忍，其所以為惡的性情嚴格說來也是不道德的，同樣可以成為人們不喜歡乃至憎惡的恰當對象。暴戾殘忍、陰險惡毒、嫉賢妒能（這是所有人類情感中最反社會且最讓人不齒的）、虛偽狡詐、為不值當的事暴跳如雷、受了一點刺激便大為光火、喜歡高居他人之上、一心貪圖非分之利「希臘人謂之貪婪（πλεονεξία）」、為壓低他人抬高自己而洋洋自得，以及一切以自我及自我所屬為重心並依一己私利決定所有未決之事的唯我主義——這些都是公德上的缺陷，它們構成了卑劣可憎的道德性格：這與前面提到的自我對待的私德缺陷不可同日而語，那些缺陷嚴格說來不能被視為不道德，並且無論它們達到什麼程度，都不會構成罪惡。一個人的私德缺陷可以作為他愚蠢不堪或缺乏人身尊嚴和自我尊重的證據，然而只有當他違背為了他人必須善待自己的本分之時，才能成為道德譴責的對象。既然稱之為本分，就不是社會強制履行的義務，除非情況使得個人本分同時成為對他人的義務。對於一個人來說，本分一詞，如果還有比謙恭謹慎更多的意思，也只能是自尊自重與自我發展，並且不論如何，這些東西都沒有必要向同胞負責，因為其事跟他必須要向人們負責的人類利益毫無關係。

一個人可能會因私德上失於審慎或缺乏自尊而為他人所不屑，也會因觸犯了他人的權利而受到懲罰，其間區別絕不可以道里計。在他冒犯我們的事情上，我們是否有權力對他進行控制，決定了我們以什麼樣的態度和行爲對待他的巨大分別。如果他僅僅使我們不高興，我們可以表達對他的厭惡，還可以遠離他以及他讓我們不快的事；但我們不必非得破壞他的生活。我們只要反思一下，就可以知道他已在承受或將要承受他的罪錯帶來的全部懲罰；如果他已經由於處置失當而毀掉了自己的生活，職是之故，我們不必再去落井下石：與其再施懲處，不如努力施救以減輕他的痛苦，告訴他應該怎樣避免或補救他的行爲帶給他的災禍。我們可以可憐他乃至厭惡他，但是憤怒或怨憎則不必；我們不能將他視爲社會的敵人；即便我們不打算透過爲他指明利害關係而進行善意的干預，我們合乎情理的最極端作法也不過是任其自作自受。可是假如他不論隻身一人還是夥同他人集體行動，而違反了爲保護其同胞安全的必要規則，事情就大爲不同了。因爲這時他所作所爲的惡果，就不再是自己來承擔了，而是落到了其他人頭上；而社會作爲其全體成員的保護者就必須對他施以報復，必須讓他痛苦加身以示懲罰，並且還得注意讓懲罰足夠嚴厲。在這種情況下，他是我們庭上的犯人，我們不僅要當仁不讓地坐下來對其審判，而且還得在這樣或那樣的形式下執行我們的判決；而在除此之外的其他情況下，對他施加任何痛苦都不屬於我們的正當範圍，當然得除開我們在運用同爲他所有的自由而管理自身事務時偶爾會帶來的誤傷。

這裡我指出了一個人生活中只關乎自己的部分有別於涉及他人的部分，對此許多人肯定不會認可。他們會問：既然人人都是社會的一員，那麼一個人的行爲怎麼會有任何部分與他人漠不相干呢？既然沒有人可以完全離群索居，因而一個人如果做了任何嚴重或永久傷害自身的事，其惡果不可能不波及他人，至少家人親友會遭到連累，而且往往傷害範圍不止於此。如果他將自己的財產大肆揮霍，則那些直接或間接需要這些財產扶養的人必會受到傷害，而且社會的總財富通常也必會因此多少有所減損。又如果他因放辟邪侈而斫喪身心，則他不僅給所有某些幸福須依恃於他的人造成了痛苦，而且失去了爲同胞之公益盡其義務的資格；還有可能成爲同胞仁愛與慈悲之心的負擔；如果這種行爲頻頻發生，將沒有任何罪孽比它更能侵蝕人類的總體福利。最後，還有人會說，縱使他的罪惡或愚蠢沒有直接傷害到別人，他的榜樣力量仍然是有害的；爲使某些人不至於因爲看到或知道其所作所爲就有可能墮落或誤入歧途，我們也應當強迫他控制自己。

有人還會進一步追問：即使不當行爲的後果僅限於卑劣或沒心肝的個人自身，對那種顯然不配指導自己的人，難道社會就該聽憑他們放任自流嗎？如果人們公認應該對孩童和未成年人予以保護以防其傷及自身，那麼對那些同樣沒有自治能力的成年人，社會爲什麼就一定不能給予同樣的保護呢？既然賭博酗酒、縱欲濫淫、懶惰汙穢等行爲，如同法律所禁止的大多數惡行一樣，既有害於幸福又大大妨礙進步，那麼（有人也許會問）在既切實可行又合乎社會便利的條件下，爲什麼法律不能對它們同樣力圖制止呢？而且，法律難免有不足之處，而輿論作爲法律的補充，難道不該起碼要組織強大的警力，用以防止這些惡行，並對那些確實犯有惡行的人施以嚴厲的社會懲罰嗎？（有人還可能會指出）這裡不存在任何壓制個性或妨礙生活試驗創新的問題。它要制止的只不過是自有人類以來一直都被竭力譴責的事，是被經驗一再顯示對任何人個性的培養都既無幫助又不適宜的事。一種可被視爲已確立起來的道德或智慮的眞理，必然要經過長時間的累積驗證；而社會之所以需要它，不過是讓後代人不至於在先輩已經栽過跟頭的溝壑面前重蹈覆轍。

我完全承認，一個人做出的自我傷害行爲，可能會透過心理同情和利害牽涉，嚴重影響與他有親密關係的人，而且一般說來也有可能影響到社會，雖然程度較小。當一個人對他人負有明晰而確定的義務，卻由於這種自我傷害的作法而違背放棄之時，則事情已經超出了涉己行爲的範圍，而成爲必須接受道德譴責的恰當對象。譬如，如果有人由於放縱奢靡，以致無力償還債務，或已有家室，對家人身負道德責任，卻由於同樣的原因，以致無力扶養家人或教育子女，他當然應該受到譴責，也可以被正當地施以懲罰；但是譴責或懲罰的理由，只能是他背棄了對家庭或債權人的義務，而不能是奢靡行爲本身。假如這些本該用之於家庭的財富，因被移做哪怕最有遠見的投資而導致老無所依、幼無所教，其間的道德罪愆也將是完全一樣的。喬治・巴恩韋爾爲了給情婦弄錢，謀殺了自己的叔父，但是即便他謀財害命是爲了自己在商業上建功立業，他也同樣應該被絞死[1]。此外，一個人往往會因爲耽溺於某些惡習而使全家受苦，那就該對他的刻薄寡恩給予譴責；即便他養成的愛好本身並無害處，卻會給那些跟他共同生活的人或身心健康須依恃於他的親人帶來痛苦，他也該受到同樣的譴責。不管是誰，如果對那些一般應予尊重的他人利益和情感未予尊重，其所行既非受某種義不容辭的義務所驅使，也不屬於自我優待可允許的正當範圍，那他都要因所行而成爲道德譴責的靶子，但是譴責的理由在於結果而不在於原因，更不可無限地追本窮源，訴之於他身上那些僅僅關乎自己的過失。同理，當一個人純粹涉己行爲的結果，是令自己無力履行對大衆應盡的確定義務之時，他就是對社會犯了罪。譬如，不能僅僅因爲醉酒而懲罰任何人；但是如果一個當值的士兵或員警喝得醉醺醺的，就應該受到懲罰。總之，無論何時，只要某人的所作所爲對個人或公衆造成了確定的傷害，或有傷害的確定危險，事情便超出了自由的範圍，而宜爲道德或法律所過問。

但是如果一個人的行爲既沒有違反對公衆特定的義務，除自己外也沒有對任何確定的個人造成明顯的危害，而對於社會的損害又僅屬偶然，有時這種所謂損害甚至是欲加之罪；那麼這一點點不便，社會盡可以容忍之，以收取人類自由的更大利益。如果成年人要爲未能自我檢束而受到懲罰，那麼我認爲，與其藉口說這是爲了防止其斫喪自身以致無力回報自身所受社會之益（社會也未自認有權利強求非得有所回報不可），不如直接說是因爲他有不加檢點的地方才予以懲處。但是我的意思也並不是說，好像社會對那些不成器的成員，除了靜待其做出悖理之事而後再予法律或道德懲罰之外，便毫無辦法將他們提升到理性行爲的一般標準。在他們生活的整個早期階段，社會對他們都有著絕對的權力：整個兒童和少年時期，社會都在嘗試是否能讓他們有能力過上理性的生活。既然上一代人不但是督責下一代人的師長，而且控制著他們生活的全部環境，那麼，如果他確實沒能讓下一代變得絕對聰明良善，那是因其自己在聰明良善上就令人遺憾地有所欠缺；不過，雖然人們殫精竭慮去培養的個例，未必就是最成功的那一個，但卻完全能夠讓下一代作爲整體跟自己這一代一樣好，並且可能還會比自己這代稍好一些。如果社會讓相當多的成員在成年之後仍然還像孩童一樣，對自己長遠的生活目的不懂得做理智的考慮，則社會本身就要對這一結果承擔罪責。既然社會不但壟斷著一切教育的權力，而且擁有公認意見的權威帶來的支配優勢，總是左右著那些最不配自我決斷的頭腦；再者，社會還可以透過人們對相識者的厭惡和鄙視，使懲罰自然而然地落到他們頭上而無可抵擋；那麼，除此之外，社會對只關涉個人自身的事情，就不必再自命有發號施令並強制服從的權力了吧！因爲這些事情，從一切公理及策略上說，都應當由承擔其後果的人自己去決定。施教化人而不得其法甚至手段拙劣，往往會適得其反，其敗壞教化本身的名聲，使較好的教化之法再也無法發生影響他人行爲的效用，莫此爲甚。在社會企圖強行要其謙虛謹慎或自我克制的人中，如果有任何人具備可以造就強烈而獨立的個性的材質，那他無疑都會反抗這種束縛。這樣的人，在只關他自身的事情上，必不容他人像必須阻止他傷害別人那樣有權加以管束；而公然與這些僭越的權力作對，故意誇張地去做恰與禁令相反的事情，也很容易被視爲魄力或勇敢的標誌；就像清教徒極端的道德不寬容，反而導致了粗野的風氣繼之在查理二世時代大行其道一樣。至於說到有必要保護社會不受邪惡或放縱之徒所樹立的惡劣榜樣的影響這一點，我同意惡劣榜樣的確會發生有害的影響，尤其是那種對別人有害而施害者卻不受懲罰的榜樣更爲可慮。但是我們這裡說的是對別人無害而被認定會對當事者自己構成較大危害的行爲：我不知道那些相信這一點的人，除了必定會認爲這樣的榜樣總體說來有益無害外，還能有別的什麼想法；因爲如果這種榜樣確實表現出行爲不當，那只要對它加以公正的譴責，則在全部或多數情形上，也必會顯示出隨之產生的痛苦或可恥的後果，而被意欲模仿者引爲前車之鑑。

然反對公眾干涉純粹個人行爲的最大理由在於，公眾不干涉則已，一旦有所干涉，則往往錯謬百出，且動輒干涉它所不應干涉的事。在事關社會道德以及對他人的義務等問題上，公眾的意見，或者說支配性的多數意見，雖也會常常犯錯，但仍可能對多而錯少；因爲在這類問題上，他們只需判斷他們自己的利益；只需判斷如果放任某種行爲發生，他們自己將會受到怎樣的影響。但是在個人只關乎自身的行爲上，如果將同樣的多數意見作爲法規，強令少數人遵從，則是對是錯極有可能各占一半；因爲在這類事情上，大眾意見充其量不過是以某些人的看法爲他人做出利害判斷；甚至往往連這點也稱不上，大眾以絕對漠視的態度，對行爲遭譴責者之快樂或便利與否完全置之不理，而僅僅顧念他們自己的好惡而已。許多人都會把那些他有所反感的行爲舉止視爲對自己的傷害，並因其侮辱了自己的感情而對之憎恨不已；就像一個盲從迷信的教徒在被指責漠視別人的宗教感情時，本能地反唇相譏，那倒像是別人因堅持某種可憎的信仰和教條而冒犯了他的感情一樣。一個人覺得有必要堅持自己的意見，而另一個人卻因他的這種堅持而覺得受到冒犯，這兩種感情之間毫無共通之處，正如一個想偷取錢包的竊賊和想保住錢包的物主的願望毫無共通之處一樣。而一個人的情趣嗜好也跟他的意見或錢包一樣，是他自己特有的關切之所在。設想存在一種理想的公衆，在所有是非未定的事情上，絕不干涉個人的自由和選擇，唯獨對於那些已被普遍經驗確定爲禍端的行爲方式，要求人們不可過犯，這種想像對任何人來說都是很容易的事。然而我們何曾看到公衆爲其審查範圍設定過任何此類限制？或者何曾看到公衆爲所謂的普遍經驗費過心神呢？實際上，當大衆對個人行爲進行干涉時，莫不以自身爲標準而斷定那些不同於己的作法和想法爲罪大惡極；而絕大多數道德家和哲學家，也在經過簡單裝扮之後，把這種判斷標準當做宗教或哲學指令抬到人們面前。他們教導說：只要我們已經問心無愧，確定事情是對的，那它就是對的。他們告訴我們，要遵從自己的內心靈明，從中尋求約束自己和他人的行爲法則。可憐的人們，除了謹遵教誨，在一旦大家差不多基本上一致同意之時，就把自己的善惡之感當成對全部世人必盡的義務，還能做些什麼呢？

如果說這裡所指出的禍害並非僅僅出於理論上的想像，那麼人們可能就會期望我舉出具體的事例，來說明在如今這個時代的國家裡，公衆是如何爲道德法則不正當地打上自己好惡的印記。本文所論本不是當前道德情操有何偏失的問題，況且這一主題事關重大，絕非穿插解釋與事例說明所能論述明白。然而為了表明我所堅持的原則有著嚴肅和實際的緊要性，而不是在為一種想像中的禍害危言聳聽，看來事例還是必不可無的。何況透過大量的例證，也就不難看出人們總是希望擴大所謂道德監督的界限，直至它侵犯到最無疑義的個人合法自由為止，乃是根源於人類一種最普遍的道德傾向。

先以宗教禮儀為例，想想人們僅僅因為別人有著跟他們不同的宗教意見，不奉行他們的宗教儀式，尤其是不遵守他們的宗教禁忌，而絕無其他更好的理由，便會抱有怎樣一種無名之火吧！舉一個稍嫌瑣碎的例子，在基督徒的信仰和習慣中並不忌諱吃豬肉，而恰恰正是這一點招致了伊斯蘭教徒莫大的憎惡。而伊斯蘭教徒對待這種充饑方式的態度，也恰恰最能引起基督徒和歐洲人更為不加掩飾的反感。首先，這種習慣當然是冒犯了伊斯蘭教徒的宗教禁忌；然而這不足以解釋他們的憎惡程度和性質，因為飲酒也是他們的宗教禁忌，但是飲酒雖被所有伊斯蘭教徒視為過失，卻沒有達到憎惡痛恨的程度。相反的，他們對那種「不潔動物」之肉的厭惡，卻有著一種頗似出自本能的反感；而這種不潔觀念一旦徹底深入人心，就在那些個人習慣稱不上有多清潔的人中，也總是會激起他們的熱情；那些毫無宗教清潔觀念的印度教徒，也對此極端反感，就是一個絕好的例子。現在假設某一民族，伊斯蘭教徒居大多數，那麼這一大多數必定會堅持在整個國家內禁食豬肉，這在伊斯蘭教國家裡往往也不是什麼新鮮事【2】。這能算是公衆意見作爲道德權威的合理運用嗎？顯然不是。那麼爲什麼不是？這個習慣的的確確冒犯了那裡的大衆，並且大衆也眞心誠意地認爲這種習慣必爲天神所不容，但卻不能將這一禁忌當做宗教迫害來譴責。這種禁忌雖可能根源於宗教，但卻不是什麼宗教迫害，因爲任何人的宗教定然不會以吃豬肉爲其義務。然則，唯一說得過去的譴責理由就應該是：對於個人品味以及僅僅關係個人一己之事，公衆根本不該干涉。

下面轉向一個距離我們較近的例子：西班牙尊奉羅馬天主教，如果國內有人以不合天主教規定的方式來禮拜上帝，就會被大多數西班牙人視爲對上帝的大不敬，是對上帝最大的冒犯；因而在西班牙國境內，沒有任何其他形式的公開禮拜是合法的。在所有南歐地區的人們看來，如果身爲教士卻有婚配，那他就不僅是褻瀆了神靈，而且會被認爲有失貞潔、淫邪穢亂而令人不齒。對於天主教徒以這種完全眞誠的感情，驅使自己去反對一切有違天主教的東西，不知新教徒會做何感想？進而，如果對於個人不關他人利害的事情，人們有理由互相干涉彼此的自由，那麼根據什麼樣的原則，才能不致自相矛盾地排除上述作法呢？或者，如果人們認定那些事情無論從上帝還是人類角度都可被視爲公憤，因而意欲壓制，那麼誰有資格能去責備他們呢？沒有什麼比出於衛道的熱情，更能讓人們去禁止任何可被視作個人背德的事情，因爲在他們心目中，那些行爲乃是褻瀆神靈，因而必須予以壓制；而我們若不願意採取迫害者的邏輯，說什麼因爲我們正確而別人錯誤，所以只許我們迫害別人而別人不得迫害我們，那我們對所認可的原則就必須愼之又愼，以防一旦應用到自己頭上，我們就會像個冤主一樣去抱怨。

對於上述事例，有人還會強詞奪理地反駁說，這些本就是或然之事的情形在我們這裡是不可能發生的：英國的輿論還不至於強令人們禁止食肉，也不至於要根據大衆的信仰或好惡去干涉人們的禮拜方式，或干涉他們能否婚配。既然如此，讓我再舉一個我們絕不能說已脫離其全部危險的干涉自由的例子。無論何時何地，但使清教徒具備足夠的勢力，如在共和時代[3]的新英格蘭和大不列顚，他們都會竭力並往往相當成功地取締一切公共和私人的娛樂活動，尤其是音樂、舞蹈、競技或其他以消遣爲目的的聚會、戲劇演出。如今在英國，其道德和宗教觀念認爲此類娛樂有害於人心而應當禁止的人，仍不在少數；而且這種人多屬中產階級，在大英王國當前的社會和政治情境下，他們的勢力正在上升，因而抱有這種看法的人遲早有一天會在議會中成爲掌握支配權的多數，這絕非什麼不可能之事。一旦這些極端苛刻的喀爾文教徒和衛理會教徒，在宗教和道德情感的驅使之下，對除他們之外的社會餘衆本可享受的各種娛樂活動加以規制，則身處此境的人們不知會做何感想？難道不該斷然要求「爾等盡可虔修苦行，但請勿煩我等私事」嗎？任何政府和公衆敢於妄稱沒有人可以享受他們認爲不正當的娛樂，正該如此予以回敬。但是如果承認了它據以妄行僭越的原則，那對於根據國內多數人或其他主要強勢意見所做出的行動，將沒有人再能夠合乎情理地予以反對；一旦那個跟早期新英格蘭殖民者相似的宗教信仰，像很多已被認定衰落，但卻往往死灰復燃的宗教那樣，有一天重新贏得失去的領地，那等待我們所有人的命運，就是必須準備好遵從那些早期殖民者所一心嚮往的基督教共和國理想了。

再來想像一件更有可能易於變爲現實的或然之事。當今世界在社會的組織形式上，顯然有一種日益向民主邁進的強勁趨勢，不管它是否同時伴隨著平民政體的出現。據稱，在這種趨勢實現得最爲徹底的美國，不論社會還是政府都已是最民主的了，在那裡，任何超出常人有望能及的奢華生活，都會爲多數人所不喜，多數之觀感就像一種已被默許且頗爲有效的限制消費的法令，使得在合衆國的許多地方，一個人即便擁有不菲的收入，卻也極難找到一種不致引起大衆側目的消費方式。儘管這種說法跟實際情形相比無疑有些言過其實，但一旦再加上公衆對個人如何消費自己的收入有權予以否定的觀念，則他們所描摹的事態就已不止是想像和可能的後果了，還會是這種民主式情感差不多的眞實後果。而如果再想到社會主義者的言論已經廣泛傳布，那麼身懷鉅資或擁有超出手工勞動所能掙得的收入，在大多數人眼裡就更會變得可恥可憎。而大體與此相同的輿論，已在技工階層中間廣泛流行，並且沉重地壓在其階級成員的心上，這些人尤其易受本階級輿論的引導。衆所周知，在很多工業部門中，工人都是巧者少而拙者多，拙劣工人憑其多數權堅決主張，他們應當獲得跟熟練工人一樣多的工資，並且還不允許透過計件法或是其他什麼方式，讓任何人以其所有而他人所無的熟練技巧或勤勞掙得更多的工資。他們還使用道德懲罰，有時竟直接變爲人身懲罰，來阻止熟練雇工與工廠雇主採取多勞多得的薪酬原則。如果公衆對個人私事有權予以管轄，那我就不知道這些人錯在哪裡，又如果一般公衆堅稱有權干涉一般個人行爲，那我也就不知道，爲什麼還要對某一特定公衆向組成它的個體行使同樣的權威進行責怪？

但是即便不提這些假設的事例，就在我們當前所處的這個時代，也有著衆多嚴重侵犯私人生活自由的事已經實際發生了，而且還有預計會被成功實行的更爲嚴重的侵犯在威脅著人們；有些大衆輿論已經提議，應該賦予公衆無限權利，不僅可以用法律禁止一切它認爲不當的事情，而且爲了達至禁止所謂不當之事的目的，可以矯枉過正地禁止它本身也承認根本無錯的任何事情。

在某個英屬殖民地以及在美國幾乎半數地區，以預防酗酒的名義，法律禁止人民在醫療目的之外使用任何一種發酵酒精飲料：因爲禁止販售，實際上就是他們想要的禁止使用。美國採納禁酒令的幾個州，包括禁酒令因以得名的那個州[4]，已因該法窒礙難行紛紛予以取消。而在英國卻猶有許多號稱仁愛之士，以極大的熱情繼續推進，試圖鼓動在這個國家制定同樣的法令。他們爲此組織協會或如他們自稱的「同盟」，但在同盟公開宣傳其書記與一位公衆人物（他是英國少數幾個堅持政治家應當根據原則發表意見的公衆人物之一）的通信後，已經招致惡名[5]。斯坦利勳爵之所以成爲此次通信的對象，是因爲那些人深知勳爵在公開場合中所表現出來的長處，絕非他們自己在政治生活中那點可憐的表現所能及，所以想要以此增強早就倚重於他的希望。同盟的這位喉舌在寫給勳爵的信中聲稱，他「對有些原則確實可被曲解爲是在爲盲從與迫害行爲辯護深表遺憾」，並一口保證同盟的原則與那類原則存在著「清晰而不可逾越的界限」。他說：「依我看，一切有關思想、意見、良心的事情，都在立法範圍之外；而一切有關社會行爲、社會習慣、社會關係，其抉擇權只能賦予國家而不能賦予個人的事情，則在立法範圍之內。」但他顯然漏掉了與二者都不相同的第三類事情，即不關社會而僅及個人的行爲與習慣，飲酒毫無疑問就屬於這類情況。他或者會說，無論如何，售賣酒類飲料都屬於經營活動，而經營活動是一種社會行爲。但這裡應該回敬他的是，禁酒首先侵犯了購買者和消費者的自由，而非侵犯了售賣者的自由；因爲國家有意讓人無從買到酒類飲料，跟索性禁止人們飲酒其實毫無區別。然而，這位書記大人卻說：「無論何時，只要我的社會權利受到他人社會行爲的侵害，我作爲一個公民，就有要求立法的權利。」那麼現在且看看他是如何定義這種所謂的「社會權利」的。「如果要問有哪些事情侵犯了我的社會權利，那麼烈酒買賣無疑就是其中一例。它破壞了我最基本的安全權利，因爲它經常製造和助長社會的紊亂。它還破壞了我所享有的平等權利，因爲它一手製造窮困，一手卻要我納稅扶貧讓其從中獲益。它還妨礙了我在道德與智力上自由發展的權利，因爲它在我的道路周圍布滿危險，社會風氣也會因之頽喪和墮落，使我應享的互助與交流之益化爲烏有。」[6]像這種「社會權利」理論，此前可能從未得到如此清晰闡述，它無非是說：每個個體都能要求其他個體事事做得合其心意；哪怕有誰在最細微之處不合其意，都是侵犯了我的社會權利，遂使我有權要求立法機關解除這種不平之苦，這就是所謂的絕對社會權利。如此荒謬不堪的原則，將遠比任何一二侵犯個人自由的事都更爲危險；它使得任何侵犯個人自由的事都變得有了正當的理由；它根本不承認個人有任何自由權利，可能只有將意見深藏於心、祕而不宣的自由是其例外，因爲一旦某個我認爲有害的意見被人宣之於口，就立刻侵犯了「同盟」賦予我的全部「社會權利」。在這種理論之下，全體人類對彼此的道德、智力乃至軀體的完善都互相負有不可推卸的責任，而何爲完善又要由每個要求者按照自己的標準來定義。

還有一個不當干涉個人合理自由的重要事例，其成功實施素來已久，絕非僅只威脅而已，那就是嚴守安息日的規定。雖然在宗教上除猶太人外，完全沒有遵守安息日的義務，但只要於生計無妨，每個星期能有一天擺脫日常工作，毫無疑問不失爲一個非常有益的習俗。而且，鑑於如果沒有勤勞階級的一致同意，這一習俗就得不到有效遵守，故而，在一些人工作、就迫使其他人不得不工作的情況下，由法律禁止工業在特定之日大面積作業，來保證人人都能遵守這一習俗，這種作法就是可允許而且正當的。然而，這項辯護是根據每一個體是否遵守這個慣例於他人有直接利害關係而做出的，它不應該用於個人自願利用其閒暇工作的自由職業，更根本不能用於爲立法限制娛樂活動辯解。誠然，某些人的娛樂就是另一些人一天的工作；但是多數人的快樂，且不說還是一種有益的休養生息，值得少數人付出勞動，只要這種職業是自由選擇並且是可以自由放棄的。工人們完全可以認爲，如果安息日大家都去工作，勢必要以六天的薪酬而做七天的工作；但在大多數職業停工之餘，對少數爲了他人娛樂仍須工作之人，大可相應增加他的收入；況且，如果他寧可休閒而不稀罕薪酬，那些活他也盡可以不幹。又不然，也另有補救之法，對於那些從事特殊職業的人，可以選擇一週中的其他日子定爲其休假之例。因此，可爲安息日禁止娛樂活動辯解的唯一理由，追根究柢只能是說它在宗教上有失正當了；而對於這樣的立法動機，無論怎樣去反對，都是不嫌過於較眞的。羅馬古語有云：「得罪於神者，神將自罰之。」【7】如果人們所行於同胞本無所傷，卻被認定冒犯神靈，則社會或社會的某位執事是否有權憑藉受之於天的使命對其進行報復，是尚有待證明的事。以自己所信之宗教強令他人信奉，這種義務觀念是歷來一切宗教迫害的基礎，而如果對這種觀念予以認可，就完全坐實了所有迫害的正當性。如今有人一再企圖停止在星期日運行火車，反對在星期日開放博物館等等，此中情感雖不如舊日那些迫害者殘忍，而其心理狀態則根本並無二致。那便是這樣一種決心：如果某事爲我教之所禁，即便其爲他教之允行，也必不容他人去實行；那便是這樣一種信念：上帝不但要怪罪那錯誤信仰者的行爲，如果我們任他而行，則就連我們也是有罪的。

我已經不厭其煩地舉了這麼多人類自由常被蔑視的例子，但還是忍不住要再加上一個，那就是每當我國的媒體覺得有必要關注那種異乎尋常的摩門教之時，總是會爆出肆無忌憚的迫害言辭。摩門教創始者並無過人之姿以樹其威望，卻以自稱的新啓示和建基於其上的新宗教這樣一個明顯係屬騙局的東西，贏得了數十萬人的信仰，並在報紙、鐵路、電報已經盛行的時代，奠定了它的會社基礎，其事確實出人意料，並且足以值得我們深思。我們要注意的是，這個宗教也像其他更好的宗教一樣，有其殉道者；他的先知和創教者已因其教義而被暴民擊殺，其他擁護者也被同樣無法無天的暴行奪去性命，其教衆已被全體強行驅逐出生於斯長於斯的故土；如今他們已被趕至人跡罕至的不毛之地，而在英國猶有許多人公開宣稱，（要不是因爲不方便）理應派遣一支討伐他們的遠征軍，用武力強迫他們遵從別人的意見。摩門教義之所以引起英國人強烈的抵觸，而令他們突破宗教寬容的一般限制，主要是因爲其中有一條認可了一夫多妻制；儘管多妻制也被伊斯蘭教徒、印度人和中國人所准許，但一旦被說英語的且自認是基督教一支的人奉行，似乎就會激起怒不可遏的憎惡。沒有人會比我對摩門教這一制度更加深惡痛絕；且不說其他原因，只因它將社會一半成員身上的鎖鏈緊緊釘死，而將另一半從男女互相扶持的義務中解脫出來，就遠非自由原則所能容許，而且還是對自由原則的直接侵犯。不過，仍須記住，這種關係跟其他任何形式婚姻制度下的情形一樣，是被認爲在其中受苦的婦女自願的事；並且這種事情無論顯得如何不可思議，都能從世人的普遍觀念和習俗中得到解釋，世人既然教導女子無論如何總得嫁人，那許多女人寧願與人共侍一夫而不願根本不能爲人妻室，也就不是什麼很難理解的事了。況且人家並未要求其他國家認可這種結合，或者要求他們依照摩門教徒的意見將其某一部分國民置於他們的法律之外。然而，既然那些異端在他人的敵視態度之下，已經做出了遠遠超出所能合理要求於他們的讓步；既然他們已經離開了不能接受其教義的故土而避走他鄉，不得不在遙遠的大地一隅辟地自容，創榛闢莽，一切從頭開始；而且他們既未侵犯其他民族，又完全允許不滿他們生活方式的那些人自由離開，可人們還是不容他們在自身想要的法度下安生樂業，除了暴政原則外，實難看出還有什麼原則能支持如此作法。近來又有一位在某些方面頗得佳譽的作家提議，（用他自己的話說）可用一支「文明軍」代替十字軍來對付這個多妻制社群，以結束那種在他看來係屬文明倒退的步伐。我也認爲那是文明的倒退，但我看不出任何群體有權利強使另一群體文明化。只要惡法之下的受害者沒有請求其他社群援手，我認爲與他們完全無關的人們就不應當出面干涉，也不能僅僅因爲在遠隔萬里之遙且與之毫無關聯的人們看來那是一種醜事，就要求結束所有直接身處其中的人都覺得滿意的人情世態。如果他們願意，可以派遣傳教士去布道反對那種制度；也可以用任何公正的手段反對類似教義在他們自己中間傳播（但壓制傳教者不准其開口則有違公正）。如果在野蠻曾經統治世界的時候，文明尚能戰勝野蠻，而在野蠻已被完全制服之後，卻反倒自承唯恐野蠻復興而征服文明，不是顯得有些過慮了嗎？一個文明會屈服於它曾經征服過的敵手，那首先必是因它已變得衰弱不堪，使得無論它指定的牧師、教師還是其他任何人，都已沒有能力或意願排除萬難而爲之挺身辯護。果眞如此，這種文明收到要其退出歷史舞臺的警告愈早愈好。若非由朝氣蓬勃的野蠻人令之浴火重生（就像西羅馬帝國那樣），則等待它的不過是一衰到底罷了。

注釋

【1】事出英國劇作家喬治・李洛著名的散文體家庭悲劇《倫敦商人》，該劇又名《喬治・巴恩韋爾傳奇》（George Lillo, *The London Merchant or, the History of George Barnwell*, London: Gray, 1731）。——原編者注

【2】帕西人（Parsee）的情形就是一個奇妙而又恰當的例子。這個勤勞勇敢的部族是波斯拜火教徒的後裔，他們爲逃避哈里發的統治而從祖國遷徙到印度西部，當時的印度君主寬宏地接納了他們，條件是不許吃牛肉。後來，他們居住的這片土地落到了伊斯蘭教征服者的統治之下，帕西人繼續受到恩待，條件是不許吃豬肉。最初這些禁忌不過是對當局的順從，後來卻變成了他們的第二天性，至今帕西人仍然禁食牛肉和豬肉。雖然這種雙重禁忌不是他們自己的宗教信仰所要求的，但是卻隨著時間的推移而成爲他們部族的習俗；而在東方，習俗無異於宗教。

【3】指一六四九～一六五九年克倫威爾統治時代。——譯者注

【4】即緬因州，美國最早禁酒的州，禁酒令即稱 Maine Law。——譯者注

【5】見《下院議員斯坦利勳爵與英國酒類禁售同盟》，載《泰晤士報》，

一八五六年十月二日第九至十版。——原編者注

【6】薩繆爾．波普：《致斯坦利勳爵的信》，載《泰晤士報》，一八五六年十月二日第九版。——原編者注

【7】Deorum injuriæ Diis curæ，語出古羅馬皇帝提比留（Tiberius），見塔西佗：《編年史》，第一卷；參見中譯本《塔西佗〈編年史〉》，商務印書館，一九八一年，第六一頁；譯文採自嚴復舊譯《群己權界論》。——譯者注

第五章　論自由原則的應用

欲使本書所確立的原則在所有各類政治與道德部門中得到一以貫之的應用，且望其行之有益，就必須更一般地以此爲基礎做一些細節的討論。我在這裡就細節問題提出的幾點評議，只是想以事例說明自由的原則，而非要就它們得出事例本身的結論。我所提供的與其說是原則的應用，不如說是應用的範例；本書所述的整個原理不外由兩條準則構成，希望這些應用範例能讓這兩條準則的意思與界限得到更清晰的理解，以及幫助人們在不知該適用其中哪一準則的情形上，做出讓二者保持平衡的判斷。

這兩條準則就是：第一，只要個人行爲僅關一己利害而與他人無關，個人就毋須對社會負責。如果有人覺得有必要維護自身利益，不妨對其進行忠告、規誡、勸導乃至迴避，社會能夠正當地對其行爲表達厭惡與責難的措施，僅此而已。第二，對於其任何有損他人利益的行爲，個人都應對社會負責，並且如果社會覺得爲了自身安全必須施予某種懲處，則行事者還應受到社會輿論或法律的懲罰。

首先絕不能因爲，只有對他人利益構成傷害或有可能造成傷害，唯獨能證明社會干涉的正當性，就認定它總是能爲這種干涉提供正當理由。在許多情形下，個人在追求合法的目標之際，不可避免且合乎情理地會引起他人的痛苦或損失，或會妨礙別人原本希望可以合理獲取的利益。個體之間的這種利害衝突往往由壞的社會制度所引起，並且只要壞制度一日不變，衝突就一日不可避免；然而也有一些衝突是在無論何種社會制度之下都無從避免的。譬如，無論誰在一個萬人爭求的職業中或一次競爭激烈的考試中取得勝利，也無論誰在雙方都渴望得到某物的競爭中有幸中選，其所收之利都恰爲別人之所失，足令別人空勞一場且頗感遺憾。然而人們普遍承認，爲了人類的總體利益，人們還是以直接面對此種後果的態度去追求他們的目標爲好。換句話說，社會對於那些失望的競爭者，並不承認他們有免除此類痛苦的法律或道德權利；只有當獲勝者使用了背離普遍利益所能容許的手段，即舞弊欺詐，或不義侵占乃至強取豪奪等，社會才有必要進行干涉。

再比如，商業貿易是一種社會行爲。任何人從事將某種商品賣給大衆的活動，都會影響到其他人以及社會總體的利益；從而原則上其行爲就應該受到社會的管轄。所以，從前人們曾經主張，在所有可被視爲重要的情況下，限定商品價格和規定製造程序乃是政府的義務。然而經過長時間的鬥爭，現在人們才終於認識到，只有在消費者具有選擇商家的完全自由這個唯一的制約之下，給予生產者和銷售者完全的自由，才是使商品物美價廉最有效的辦法。這就是所謂自由貿易的原理，其所據之基礎雖然跟本文所主張的個人自由原則不同，但卻同樣堅實。對商業的管制，或對旨在獲取商業利益的生產的管制，的確都是束縛；而束縛之爲束縛，蓋其本身就是一種禍害：但這裡的束縛畢竟只作用於社會應該束縛的那部分人類行爲，如果要說有錯，那也只能是因爲它未能眞正產生應該由它產生的效果。既然個人自由的原則並未包含在貿易自由的原理之內，那麼有關該原理限度的多數問題也就與自由原則無關；例如，爲了防止摻假欺市，公衆監控究竟可以允許到何種程度；以及爲了保護從事危險職業的工人，應在何種範圍內強令雇主提供保健預防或保健措施。只有當其他條件不變，如果對他們施加控制，總不如聽任他們自行處置爲好，這些問題才進入自由的考慮範圍：當然原則上也無可否認，爲了這些目的，他們可被合法地施以控制。然而另一方面，有些干涉商業之例從根本上說確屬自由問題；例如前面提到的緬因禁酒令，以及禁止向中國輸入鴉片、限制出售毒藥等等；簡言之，一切旨在令某種特定商品無從購買或難以獲得的干涉皆屬此類。這種干涉應予反對之處，不在於其侵犯了生產者或銷售者的自由，而在於侵犯了購買者的自由。

而這之中關於限制出售毒藥的例子，又引出一個新的問題，即什麼是所謂的警察職權的恰當界限？也就是說，爲了防止犯罪或意外事故，自由可以在何種程度上被合法侵犯？預防犯罪於未然，跟偵懲犯罪於已然一樣，當然是政府不容爭辯的職能之一。然而，政府的預防職能，比其懲治職能更易被濫用而至於損及自由；因爲藉口防患於未然，人類行爲的合法自由，幾乎沒有什麼不能被認定爲，甚至完全可被認定爲增加了這種或那種犯罪行徑的便利。不過，如果公共當局乃至一介平民，看見有人明顯正準備犯罪，也絕不是一定要坐等其犯下罪行不可，而是可以去干涉阻止的。如果毒藥的購買和使用從不會被用於殺人以外的目的，那麼禁止其生產和銷售就是正當合理的。可是它們之被需要，也可能是爲了無害而且有益的目的，而限制不可能只強加於前一種情形，卻無礙於後一種情形。再以防範意外事故是公共當局固有的職責來看，如果一個公職人員乃至任何個人，深知某座橋樑已岌岌可危，卻見有人試圖從橋上通過，而倉促之間又來不及警告，他們就可以一把將他拖回來，這算不上對他的自由有任何眞正侵犯；因爲自由在於爲其所欲爲，而墜河溺水絕非他所欲之事。但是，如果某事對他並無必然的損害，而是僅有損害的危險，則此事是否足以値得讓他冒險一試，除了他自己外沒人能代他做出判斷。因此，在這種情況下，假使行事者並非兒童，也非精神錯亂，又非處於某種收視反聽的興奮或出神狀態，我認爲，他受到會有危險的警告就足夠了，而不該被強行阻止以身涉險。將類似的理由應用於出售毒藥之類的問題，也可以讓我們斷定，在各種可能的管制措施中，有些是否違背了自由原則？例如，爲藥品貼上標籤，載明其危險性質，就可說是一種可行而又不致侵犯自由的預防措施：因爲購買者對他將要保有的東西，絕不會不希望知道它具有毒性。但是不分情形一律要求購買者出示醫師的證明，則對於欲將此物用於合法用途的人來說，時常就會無法獲得，即便獲得也總不免多所破費。在我看來，既能爲利用毒藥犯罪設置障礙，又要注意不致侵犯那些欲將此物用於其他目的之人的自由，唯一的方式莫過於使用邊沁爲之貼切命名的「預設證據」【1】，這個辦法是每個訂過契約的人都熟悉的。法律往往鄭重規定，人們在締結契約時，必須遵守某些正式手續，如當事人的簽名、見證人的證明等等，來作爲契約生效的條件，以便日後萬一發生爭執，有證據能夠證明契約確已訂立；並且只要據此，就沒有任何東西能使契約失去法律效力：其作用就在於嚴加防範，遏止使用虛假契約或訂立見不得人的契約的作法。凡是出售的東西適於被用做犯罪工具的，都可以實行類似性質的預防措施。譬如藥物買賣，可以要求賣者將交易的確切時間、買者的姓名住址以及所買之物的確切性質與精確數量登記在冊；還可以問明購買目的，並將所得答覆也記錄下來。在沒有醫師處方的時候，還可以要求某個第三者在場，見證買者的購買事實，以備日後所購藥物確被用做了犯罪目的時作爲認定的依據。這種管制措施，大體上不會對欲購藥物者構成實質妨礙，而對那些欲逃避偵查而將藥物用於不正當目的的人，卻恰恰構成一個大大的障礙。

社會有為阻止犯罪採取預先防範措施的固有權力，表明純粹涉己的不當行為不能以禁止或懲罰的方式加以干涉這一準則，有著明顯的界限。例如在通常情形下，酗酒並不是一個適用法律管轄的問題，但是將一個曾經因醉酒對他人施暴而留有前科的人，置於一項專門針對他的法律控制之下：假如此後再發現他喝醉，就將對他施以懲罰，並且一旦其再因醉酒犯下其他違法之事，就讓他受到更為嚴厲的懲罰，我認為這是完全合法的。一個喝醉酒就要傷人的人再把自己灌醉，這種行為就是對他人犯下罪行。同理，又如懶惰之習，倘若其人既非有賴於公眾接濟，又未因懶惰而違背契約，要對其施以法律處罰，就不能不說是一種苛暴。但是如果一個人無論是由於懶惰，還是出於其他本可避免的緣故，而不能履行對他人的法定義務，比如撫養子女，那麼如無其他有效的辦法，強迫他勞動以履行義務，就算不上是一種苛暴。

此外，尚有許多行為，雖僅對行為者自己構成直接傷害，按理不該受到法律限制，但如果公開為之則會有害風化，因此也該歸入觸犯他人之列，對於這類行為就可以正當地加以禁止。凡有失體統的行為皆屬此類，沒必要在此詳論這個問題，且不說它與本文主題僅有間接關聯，何況要說起來，尚有許多這種本身無可譴責也無人認為應予譴責的行為，也同樣極其不宜公之於眾。[2]

還有一個問題，欲使它與給定的自由原則不致衝突，必須要得到解答。假使個人行爲雖不無可責之處，然而因爲它的直接惡果完全由當事者個人承受，爲尊重個人自由起見，可以不讓社會去阻止或處罰；在這種當事者可以自由行動的事情上，他人是否也有同樣的自由去慫恿或教唆呢？這一問題不易作答。表面看來，一個人勸別人去做某事，嚴格說來已不是一項涉己行爲；對任何人進行勸服或誘導，都是一種社會行爲，因而像一般影響他人的行爲一樣，可以認定應該受到社會的控制。但是稍做反思，就不難看出，即便這種情形嚴格說來不屬於個人自由的範圍，但自由原則所據的各種理由在這裡仍然適用，從而得修正這一表面看法。如果在僅關係自身的任何事情上，都必須允許人們自擔風險，按照其自認最有利於自己的方式自由行動，那麼，他們之間對哪些事適宜去做的互相磋商、交換意見以及給予或接受建議，也就不可不允許有同樣的自由。凡是允許人們可以去做的事情，也都該允許人們相互勸導。這個問題不太好確定的地方，僅在於勸導者把獲取個人利益當做勸誘的目的，乃至爲了謀生或逐利，把助長社會國家視爲罪惡的事情當做自己的職業。於是，問題的複雜性的確又多了一項新的因素；蓋社會之中確有一班人等，其利益與常說的大眾福利相違背，其生存方式也建立在對大眾福利的侵蝕之上。對此社會究竟該予以干涉，還是該任其自由呢？例如男女私通之事，社會本該予以優容，賭博之行亦在此例；然而是否能給人以拉皮條或開賭館的自由呢？此類事情恰好介於個人自由與社會干涉兩條原則之間，難以立刻判明究竟該歸屬到哪一方上。雙方都有理由。主張優容的一方會說，如果某種行爲不當做職業即可允許，那麼即便眞把它作爲職業用以謀生或獲利，也不會使它變得罪不可逭；應有的作法是，該行爲要嘛被一貫許可，要嘛被一貫禁止；如果我們到現在一直爲之辯護的原則是正確的，那麼社會之爲社會，就不該斷定某種只關個人的事情是爲不當；社會最多只能加以勸阻，而既然他人有勸阻的自由，個人也就該同樣有勸行的自由。而主張管制的一方則會爭辯說，公衆或國家誠然沒有資格爲了壓制或懲罰的目的，擅自斷定此等僅僅影響個人利益的行爲是對是錯，但如果某種行爲會被他們視爲不當，他們就完全有理由認定，該行爲究竟正當與否至少是一個懸而未決的問題；既然如此，由他們去排除那些肯定不會中立的教唆者不無私心的鼓動帶來的影響，這種作法就不能說是錯誤的，因爲那些教唆者在其中某一方面有著直接的個人利益，並且該方面恰爲國家所認定爲不當，而他卻僅僅爲了個人目的公然去加以鼓動。他們力言，對事情做如此措置，是爲了讓人盡可能不墮入那些出於自身私利而撩撥他人癖好者的彀中，而能根據一己之動機做出不問聰明或是愚蠢的選擇，這諒必不會有什麼過失，也不會對公眾之福構成任何損害。於是（他們就會說），縱使規定某些遊戲非法的有關法令完全站不住腳；縱使人們盡可在自己或彼此的家裡，乃至在他們捐資設立並僅對其所屬成員和賓客開放的會所裡自由聚賭；設立公共賭場依然不能被准許。此等禁令固然永遠不會奏效，並且無論賦予警察多少鎮制之權，賭場總是能夠在其他僞裝下繼續存在；但畢竟能夠迫使其經營活動進入某種程度的隱祕狀態，以使除專事尋賭者外，無人能夠知曉其任何內在情形；而過此界限，也非社會所該當過問。此等論辯可說是相當有力。不過我不敢貿然斷定，它們是否足以爲下述道德畸偏辯護，即在處罰從犯的同時卻讓（而且一定要讓）主犯逍遙法外；其以罰款或監禁處分淫媒卻放過嫖客，處分開賭場者卻放過賭徒。同理，對於普通的買賣行爲，就更不該以類似的理由加以干涉了。幾乎每一件可供買賣的物品都有可能被濫用失度，並且售賣者也鼓勵人們無度濫用從而獲利；然而絕不可以此爲根據去贊成譬如緬因禁酒令之類的法令；因爲縱然賣酒之人樂於所賣之酒被用於無度濫飲，然而合理使用之酒品也必有賴於他們供應。不過，酒商熱心鼓勵人們縱酒，的確是一種禍害，因此國家有理由爲此加以管制並要求保證，但除了這個唯一正當的理由，任何管制和要求保證都是對合法自由的侵犯。

還可以進一步追問：如果國家認爲某種行爲違背行事者的最佳利益，

而礙於自由原則不得不允許，然而它是否可以同時為此等行為設置間接障礙呢？仍以飲酒為例，它是否可以設法令酩酊一醉變得代價高昂，或者限制酒肆的數量以增加購買的難度？對此，得像處理其他多數實踐問題一樣，需要做出區別對待。對酒類產品課稅，如果只為增加人們購買的難度，這跟完全禁酒僅有程度之別而已；只有禁酒先行有理，才能說課稅也有道理。對於收入難以應付價格上漲的窮人來說，費用的每一次增加都無異於一道禁令；而即便對那些不愁付錢的富人而言，也無異於對其滿足特定嗜好的一種懲罰。人們在履行了對於國家和個人的法定和道德義務之後，選擇何種娛樂以及怎樣花費收入，就是他們自己的事了，必須取決於他們自己的判斷。這些分辨乍看之下好像是在對國家為了財政經費選擇酒類作為特定徵稅品表示責難，但是還請切記，為了財政目的而徵稅是絕對不能避免的；且在多數國家裡有相當一部分稅收也必是間接稅。因而，國家就不得不在某些消費品的使用上，加上對某些人來說會是寓禁於徵的稅罰。所以國家在徵收稅賦時，有義務考慮哪些商品是消費者最可以省去不用的；並且理所當然，還要優先選擇那些它認為一旦用度失量就會十分有害的物品課稅。因此，加徵酒類稅賦，借此使國家財政稅收達到其最高值（假設國家需要來自酒稅的所有收入），就不僅是可以接受的，還是應予贊成的。

是否能對酒類產品實行程度或大或小的專賣權，這一問題須根據相關管制所欲助益的目的，給出不同的回答。所有公衆集會的場所都需要警察的約制，而於酒肆林立之所尤其需要，因爲諸多擾害社會的事情特別易於在這種地方發生。因此，宜於把此類商品的銷售權（至少是那些供當場消費的售賣）限定在那些衆所周知或有人擔保的素行可敬者身上；還可以對店鋪啓閉時間等有必要由公衆監督的事情做出相關規定；再者，如果由於店主的縱容或無能，常致滋生妨礙治安的事端，或成爲炮製及籌劃違法犯罪之行的祕密場所，還可以吊銷其營業執照。而任何超越於此的限制，在我看來，原則上都不能被認爲是正當的。例如，以增加人們獲取酒水的難度以及減少誘惑場合爲明確目的，限制售賣啤酒和烈酒的店鋪數量，就無異是以少數人會濫用便利爲由，而令所有人都陷入不便，而且這種作法僅配施於某種落後的社會狀態，其勞動階級可被行之無愧地待之如童稚或蠻夷，要被置於約束管制的規訓之下，以便他們能夠適應將來要被賦予的自由特權。這不是任何自由國家管治勞動階級所能公然宣示的原則；而凡是能夠正確看待自由價值的人，也都不會贊成如此管治勞動階級，除非在用盡一切努力，以自由教育他們並把他們當做自由人對待之後，最終證明他們只配被當做孩子一樣去管治才行。後面這個假設條件的空洞無憑適足表明，若認定我們曾在任何方面做過這樣的努力而令我在此必須予以重視，是怎樣的無稽之談。僅從英國制度含有大量抵牾矛盾之處就可以發現，它的慣例中混入了許多本屬專制政體或日父權政體的東西，然而同時我們制度中的普遍自由，卻也妨礙了實施必要數量的控制，從而不能借約束進行眞正有效的道德教育。

前文已經指出，僅關一己之事上的個人自由，已經暗示著若干人有聯合行事的相應自由，只要參與者經互相同意共同管理的事情只關他們自己而不涉及他人。如果所有參與者的意志都能始終不改其初衷的話，這個問題本來不存在任何困難；但是由於人的意願常會改變，因此即便在僅關他們自己的共謀之事上，彼此之間也往往有訂立契約的必要；而契約既經訂立，一般來說，就應該得到遵守。不過，大概在每個國家的法律之中，對這種一般規則，都有若干例外規定。如人們不僅可以不履行侵犯第三方權利的契約，甚至僅僅對締約雙方自身有害，有時也可被作爲使契約作廢的充足理由。例如，在我國和大多數其他文明國家，一項將自己賣身爲奴或任憑人將自己賣爲奴隸的契約，就是無效的，無論法律還是輿論都不會強制履行。對人自願處置自己一生命運的權力做出如此限制，根據是顯而易見的，從這種極端情形中尤其會看得非常清楚。除非因牽涉他人之故，對一個人的自願行爲不予干涉，其理由正是爲了尊重其自由。他的自願選擇應該證明，如此選擇對他來說是可欲的，或至少是可以忍受的，並且大體說來，最有利於他獲致自己幸福的，是允許他以自己的方式去追求幸福。但是一旦他自賣爲奴，就是放棄了一己自由；並且除此一舉之外，徹底喪失了今後應用自由的機會。如此一來，他就以自身情形，辜負了那個本來要爲其自我處置做正當辯護的良苦用心。他不再是自由的，而是從此處於這樣一種境地，再也無法因他自願留在其中就假設對他有利。這說明，自由原則不允許一個人有不要自由的自由，而允許一個人讓渡自己的自由，也不是眞正的自由。其說服力在這一特殊事例中得到如此鮮明體現的這些理由，顯然還可以得到更爲廣泛的應用；然而由於現實生活的需要，其應用不免要隨處受到限制，生活不時要求我們，固然不能放棄屬於我們自己的自由，但卻須同意自由應該有著這種或那種限制。不過，這個原則，即只要利害僅僅關係行爲者自身便可具有不受限制的行動自由的原則，應該允許訂立契約的雙方，在不牽涉第三方利害的情形下，可以彼此解除契約；甚至如無自願解約的自由，就無所謂合同或契約，當然那些有關金錢和財產的契約除外，此類契約人人敢說不應當有任何反悔的自由。在我已經引用過的那本傑出著作中，洪堡男爵如此陳述他的理念：有關決定人身關係和服務的契約，其法律約束力絕不應該超過其有效時限；如這類契約中最重要的婚姻關係，因其獨特性在於一旦雙方感情喪失和諧，目標即告落空，所以唯有尊重任何一方宣布解散的意願【3】。這個問題如此重大，又如此複雜，因而絕非三言兩語所能討論清楚，我也只能就闡明主題的必要目的對此稍做觸及。如果不是出於行文簡潔洗鍊的需要，迫使洪堡只能直接給出結論而略去前提，他無疑會認識到這個問題不能以如此這般受限的簡單依據做出斷定。一旦一個人以口頭承諾或實際行爲，鼓勵另一個人將其視爲終身所依，將自身的希望、盤算以及生活規劃全都建立在信賴於他的假設上，那這個人便對他的許諾對象負有了一系列新的道德義務，這些義務雖能被解除，卻絕不可被漠視。再者，如果雙方的婚姻關係已對其他人造成某些後果；如果它已將第三方置於某種特定的境況，或者，正是由於婚姻關係，已經致令第三方存在，那麼婚姻雙方對這第三方就都負有義務，這種義務的履行或至少其履行方式，必然會因原始締約雙方之關係的繼續或中斷，而大受影響。這並不等於說，並且我也不能認可，這些義務可以大到不計勉強一方的一切幸福非要履行契約不可的程度；但它們卻是該問題必須要考慮的因素；而且即便如洪堡所堅持的，其不該影響到雙方解除契約的法定自由（我也認爲不應構成多大影響），但對於雙方道德上的自由，卻必定會有很大的關係。一個人在決定邁出對他人利益有如此重大影響的一步以前，一定要將所有這些情形考慮進去；而如果他沒有對他人利益給予應有的重視，他就會因自己的錯誤而成爲道德上的罪人。我之所以論及這些淺顯的意見，是爲了更清楚地說明自由的一般原則，非爲它是這一特定問題所必須，相反的，通常人們討論這個問題時，彷彿孩子的利益高於一切，而大人的利益卻無足輕重。

我在前面已經說過，由於缺乏公認的一般原則，自由常常在應予節制的地方被施予，而在應該施予的地方卻被節制；在當代歐洲世界人們自由熱情最爲強烈的事情之中，有一件在我看來就是完全錯用了自由。在利害止於一身的事情上，一個人當然可以隨自己的喜歡自由行動，但卻不可藉口別人的事就是自己的事，而自由地隨自己的喜好越俎代庖。從而，國家不但要在每個人特定關乎一己的事情上尊重個人自由，同時，還必須在他行使任何能予左右別人的權力上，保持一種警覺的監控。然而在家庭關係方面，這項義務卻幾乎完全被無視，而就對人類幸福的直接影響來說，家庭關係比其他所有方面的影響總和還要重大。這裡暫且不去細論丈夫對妻子那種近乎專制的權力，一則因爲若要完全除去這種罪惡，最重要的莫過於令妻子取得跟丈夫完全一樣的權利，並同樣受到法律的保護；二則因爲那些堅持維護此等有違正義之事的人，並不以自由爲藉口，而是公然站在擁護特權的立場上。可是在子女問題上，對自由理念的誤用，卻實實在在成了國家履行自身義務的障礙。人們幾乎普遍認爲，其所生子女應被認定隸屬於他自己，並且是眞正而非借喻意義上的隸屬，其對子女享有絕對且排他的控制權，法律對此哪怕稍有干涉，都會招致他的仇視，甚至比他自己行動自由受到任何干涉時還要強烈：人類通常之重視權力，實遠遠過於珍愛自由！就以教育爲例來說吧，國家應該要求和強迫每一個生而爲其公民的人都接受教育並達到一定標準，這豈非簡直就是一個不證自明的公理？然而有誰會毫不畏縮地承認並主張這一眞理呢？誠然，沒有人會否認，父母既然將子女生在世上，給予應有的教育以便其演好待人接物及立身行事的個人角色，乃是他們（或按當前的法律和習慣來說，是做父親的）最神聖的義務之一。但是，儘管人們一致承認這是父親的義務，在這個國家卻沒有人願意聽到應該責成做父親的去履行。相反，其非但不被要求爲確保子女受到教育付出努力或犧牲，甚至在已經有了免費教育的時候，還要聽憑他自行選擇接受與否。人們尙未認識到，人如果對於子女只知生而不能養，非但不能爲其身體供給衣食，更不能爲其心智提供教育與訓練，這不論對那個不幸的子女還是對社會來說，都是一種道德罪愆；並且如果爲人父母者不履行這種義務，國家就應當強制它得到履行，並盡可能讓做父母的擔負其中的費用。

只要強制推行普及教育乃是國家的義務已被認可，那麼關於國家應當選擇何等教育內容與採用何種教育方式之類的辯難紛爭，其實皆可以休矣，可是現在人們卻僅將後面這個主題轉而當做分宗別派的唯一戰場，將本該用於實際教育的時間和勞力徒然浪費在關於教育問題的爭吵上。政府只要決心要求每個兒童都受到良好教育就足夠了，由其親自提供這種教育則大可不必。它盡可放手讓做父母的自行選擇獲得教育的地方以及他們所喜歡的教育方式，而它自己只需滿足於幫助貧寒子弟支付學費，以及負擔起那些根本無人為其負擔的孩子的全部教育費用即可。合情合理地反對國家教育，並不等於不能由國家強制推行教育，而是說國家不可親自指導教育：這完全是兩碼事。若說整個人民教育或它的任何重大部分應該操在國家手裡，那我之不以為然絕不後於任何人。前文一再強調個性差別有異、思想言論與行為方式參差多元的重要，無不暗示著教育的多元也有著同樣不言而喻的重要性。全面的國家教育，不過就是一種為了將人們塑造得彼此一模一樣而特製的模具；而且這一用以陶鑄人民的模具，必是那些或君主、或教父、或貴族、或當今時代的所謂多數政府中的當權者所喜歡的那種，隨著它見諸成效以至如願以償，它便建立起了一種控制人心的專制，並最終順著其自然趨勢導向那種控制人身的專制。這種由國家設立並控制的教育如果非要存在，也只能作為諸多競爭教育實驗的一種而存在，其開辦目的也只是為了提供某種示範或激勵，以使其他類型的教育達到一定優秀標準。或者，除非社會總體狀態的確落後到一定程度，以致無力或不願由自身舉辦任何適當的教育機構，非由政府承擔此項責任不可；於是，政府也的確是出於兩害相權取其輕的考慮，才親自擔負起中小教育和大學教育的任務，這正如同當國內沒有私人企業適合承擔大型工業作業的時候，可以由政府親自承攬舉辦股份公司的業務一樣。但是一般說來，一國之內，如果在國家協助下可以勝任辦理教育的人士足夠多，有法律使教育成爲義務，國家又會爲無力擔負者支付教育費用，以確保承辦教育不致有勞無酬，在此前提下，這些人就能夠並願意在自願的原則上提供同樣良好的教育。

要使義務教育的法律得到貫徹，其實施手段莫過於從幼年開始對所有兒童進行公開考試。每個兒童在達到規定年齡後，都必須接受測試，以確定他（或她）是否已能識字讀書。如果不能，而其父親又說不出十足情有可原的理由，就要對這個做父親的處以適當的罰款以示薄懲，如有必要，還要罰以做工抵償，並責令他自付費用，將孩子送進學校接受教育。此種考試以後每年進行一次，逐漸擴大測試科目範圍，以便事實上迫使兒童普遍獲得尤其是普遍掌握最低數量的一般知識。在此一最低限度之上，還宜爲所有科目開設自願參加的考試，所有達到一定精通標準的人都應給予文憑。爲防止國家借此牢籠意見，應該將要求通過的測試知識（除開僅僅作爲知識工具的那部分知識，如語言及語言應用），嚴格限定於事實和實證科學，在更高級別的考試上甚至更要如此。有關宗教、政治或其他有爭議科目的考試，不可測試意見的是與非，而只可測試事實問題，如某某作家、學派或教派根據某某理由主張某某意見等等。依照這種作法，在一切有爭議的眞理問題上，下一代人的處境就不致比當前一代惡化；他們將像當前一代一樣，自由地成長爲國教徒或非國教徒，國家關心的僅僅是，他們無論作爲教徒還是非教徒，都應該是受過教養的。如果他們的父母願意，在他們接受其他科目訓練的同一學校裡，沒有什麼能妨礙其接受宗教教育。國家欲使公民在有爭議的主題上偏向某種結論，所有這種企圖都是罪惡的；不過爲了弄清並證明一個人在某個值得探究的特定主題上具備得出值得關注的結論所必須的知識，提供相關測試卻是完全正當的。一個有志於哲學的學生，最好既能禁得起有關洛克也能禁得起有關康德的考試，不論他傾心於其中哪一種，還是即便二者無一能令他信服；同理，即便以基督教的事蹟對一個無神論者進行考試，只要不是要求人相信那種信仰，也沒有理由加以反對。不過，我認爲對於各種高深學問的考試，應該完全是自願的。如果允許政府以缺乏資格證明爲由，將任何人排除在某種職業之外，甚至不准從事教師職業，都將是賦予政府一種頗爲危險的權力：在這點上我與洪堡一樣，也認爲所有參加並通過考試的人，都應該被授予證明其科學成績或職業技能的文憑或其他公認的資格證書；但是這類證書除了能讓大衆意見信賴它的證明力外，再不可被賦予壓倒其他競爭者的任何好處【4】。

人們錯置自由概念，以致認識不到總是最有根據可被認定是爲人父母者應盡的那些道德義務，乃致在很多方面放過理由最爲充分的法律義務，其事又豈止教育子女之一端而已。將一個生命帶到世上這一事件本身，就是人類生活中最需負起責任的行爲之一。只知降生而不考慮其禍福，如此輕率地擔起此項責任，除非所降生命至少會有過上合意生活的一般機會，否則就是對那一生命的犯罪。在一個人口已經過剩或受著過剩威脅的國家裡，再去生一大堆孩子，就會帶來因競爭加劇而降低勞動報酬的後果，這對所有依靠勞動所得爲生的人都是一種嚴重侵犯。許多國家的法律規定，除非男女雙方能表明他們有足夠支撐家庭生計的財產，否則不准許結婚，這並沒有超出國家的合法權限：這種法律無論是否便利可行（這主要取決於當地的境況和民情），都不能以它侵犯自由爲理由加以反對。這種法律是國家爲防止一種有害於他人的錯誤行爲而做出的干涉，這種行爲即便被認爲不宜加以法律懲罰，也應該成爲輿論譴責和社會詬病的對象。但是當前流行的自由觀念，對在僅關某人自己的事情上眞正侵犯其個人自由的作法輕易屈服，而當容他放縱自己的欲念就會爲後代增添一個或幾個不幸且墮落的生命，並且會以多種危害殃及他們周圍之人（那些人無論如何都會受到他們行爲的影響），卻反對對其欲念施加任何限制。人類如此奇怪地尊重自由，卻又如此奇怪地輕慢自由，兩相對比之下，我們不禁想像，一個人竟可以有必不可少的傷害他人的權利，卻根本沒有只求自己快樂而不給別人帶來痛苦的權利。

在本文最後，我要闢出一定篇幅談談關於政府干涉限度這一重大問題；嚴格說來它不在本文主題範圍之內，但是卻與本文主題密切相關。在這類情形上，反對干涉的理由並不賴於自由原則：因爲問題不在於政府限制了個人行爲，反而是要幫助他們；我們要問的是，政府是否可以代做或促成某些益於人們的事，而非聽憑他們自己單獨或自願聯合去完成。

對於這種政府所行雖未侵犯自由，但仍須反對它干涉的事情，反對理由大體有三類。

第一類是，其事由個人去完成比由政府代做大概會更好。一般而言，對任何事物的處理，乃至決定如何處理或由誰處理，沒有誰會比那個有切身利益在其內的人更爲適合。依照這條原理，就能斷定立法機關或政府官員曾經普遍熱中干涉一般工業生產的失誤。但是問題的這一部分已由政治經濟學家們做過充分論證，況且它尤其與本文所述的自由原則無關，因此毋須我在這裡細論。

第二類反對理由則與本文主題更爲切近。許多情況下，儘管人民個體在某類特定事情上，一般說來可能做不到政府官吏那麼好，但是讓他們自己而非政府去完成，仍然是可取的，因爲這可以作爲他們智慧訓練的手段，可以借此強化其主動能力，鍛鍊其判斷力，以及在此後就要交給他們自行處理的相關問題上，獲得熟悉的知識。我們之所以採用陪審團制度（在非政治案件上），採用自由民主的地方自治和城市自治制度，以及由自願聯合的社團管理工商事業和慈善事業，其雖非唯一但卻首要的一個理由即在於此。這些都不是自由的問題，僅僅在某些趨向上與自由相關聯，但它們卻是事關發展的問題。讓我們從目前所論的場合上稍稍離開一下，把這類事情當成國民教育的一部分做一究論：實際上，它作爲一種特殊的公民訓練，作爲自由民族政治教育的實踐部分，可以將人們從一身一家之私的狹隘圈子裡擺脫出來，從而習慣於領會公共利益、管理公共事務，習慣於從公共或半公共的動機出發來行動，以彼此聯合而非彼此孤立爲目標來引導自己的行爲。如果缺乏這些習慣和能力，一個自由政體既不可能正常運轉，也不可能維持下去；試看那些沒有地方自治的充分基礎而勉行政治自由的國家，其政治自由也總是曇花一現轉瞬即逝，就可以證明此言不虛。不僅如此，由地方自己來管理純粹地方事務，由自願出資的聯合體自己管理大型工業企業，其合理之處，還可以從本書已經闡明的個性化發展與多樣化行爲所具有的種種優勢，得到進一步明證。政府管理趨於令各地同於一律；相反的，在公民個體和自願結合的社團管理之下，則會出現各種各樣的試驗，以及得到無窮多樣的經驗。政府能做的有用之事在於，把自己當做蒐集與散發經驗的中心，使從衆多試驗中所得的經驗得到積極的流通和傳播。它的任務在於，讓每一個試驗者都能從他人的經驗中獲得教益，而不是只許政府自己試驗卻絕不容人民試驗。[5]

第三類理由在於，不必要地增加政府權力乃是一種極大的禍患，這是限制政府干涉的最有力的一個理由。對政府已經執掌之職能的每一項追加，都會將其影響人們希望和恐懼的作用散布得更廣，還會將公衆中本來的活躍進取之士，愈來愈多地轉變爲政府的逢迎者，或者轉變爲志在執政的某些政黨的逢迎者。如果公路、鐵路、銀行、保險、大型股份公司、大學以及公共慈善事業等等，所有這些都成了政府的分支；又如果城市自治會和地方議事會，連同目前所有交付它們管理的事務，都成了中央行政系統的附屬；如果所有這些不同事業的雇員都要由政府任命和支付薪酬，乃至終其一生每一升遷都需仰賴政府；那麼，縱有再多的出版自由和民主的立法機關，都不足以使英國和其他國家變得眞正自由，只是徒具自由之名而已。並且行政機器的構建愈是科學有效，即其網羅最優秀人才來操縱這架機器的辦法愈是巧妙嫻熟，其爲患也就愈大。在英國，近來已經有人提議所有政府文官都應該透過競爭考試來選拔，以期爲這些職位選取全國之內最富聰明才智和受過最好教育的人才；關於這個提議，已經有了不少贊成和反對的言論。反駁者所持最力的理由之一是，政府文官這一終身職位，在薪酬和地位方面，都根本不具吸引高才之士的前途，他們總是能從各種自由職業或私人公司和其他公共團體的業務中，找到更能吸引他們的生涯。這一理由如果出自維護前述建議者之口，用以解決它的主要困難之點，也就毫不奇怪。然而讓人大爲奇怪的是，其竟出自反對者之口。殊不知這個推出來用以反對的理由，恰恰可以爲這項提議中的制度保駕護航，它只要過了這道坎就可以安全無憂了。如果國內所有傑出人才確確實實都能被吸引進入政府機構，那麼會引起有識之士不安的，正是那個促成此種結果出現的幫腔之論。如果每一種需要有組織的協同合作或需要高識博見的社會事務，都掌握在政府手裡，又如果政府的職司普遍都是由最能幹者來充任的，那麼除了純粹的沉思者外，國內所有碩學俊彥和實踐天才都必將集於衆多官僚機構之中，而社會中的其餘人等無論追求什麼，都唯有仰承他們的意旨：普通民衆在一切要做的事情上都望其指導和命令；而有能力有抱負者則賴其謀求個人的晉升。於是，謀求進入這個官僚階層，並且一經進入便謀求步步高升，就成爲人們進取的唯一目標。在這種體制之下，不僅無緣進入其內的外部公衆，由於缺乏實際的體驗，無資格批評或制止這一官僚機構的運作模式，而且，縱然由專制政體的意外事故或民主政體的自然運作，偶爾將一個或幾個有著改革意願的統治者推上權力頂峰，也休想能讓任何有悖於官僚集團利益的改革得以實施。從那些有過充分觀察機會的人的描述中，可知沙俄帝國就處於這種可悲狀態。沙皇本人亦無力對抗官僚集團；他能將他們之中的任何一員流放到西伯利亞，卻不能脫離他們或違背他們的意志而進行統治。他們能暗使沙皇的每一項政令石沉大海，只要他們不去執行就可以了。在那些有著更爲先進的文明且有著更多反叛精神的國家裡，民衆既已習慣於指望國家爲他們做好每一件事，或至少如不問明國家允許他們自行做哪些事以及應該如何去做，就不動手爲自己做任何事情，那他們自然就會把一切臨到自己頭上的災禍都視爲國家的責任，並且一旦災禍超過他們的忍耐限度，他們就會起來反抗政府，掀起所謂的革命；於是世有梟雄，其權威無論於國民合法與否，乘機躍上寶座，對那個官僚機構發號施令，而一切事情又復一如其舊；朝代已換而官制不更，無人能夠取代那個官僚集團的作用。

而在一個習慣自治的民族當中，則會出現完全不同的景象。例如在法國，人民大部分都服過兵役，其中有許多人還至少做過士官，因此在每次平民起事中，總有些人能夠擔負起統帥之責，並能於倉促之間做出像樣的行動計畫。對應法國人精於武事的地方，美國人則精於各類文政；如果把他們放到一個沒有政府統屬的地方，則任何一個由美國人構成的群體都能於旬日之間組成政府，並能以其充沛的智慧、條理和毅力，維持政府或任何其他公共事業正常運轉。一切自由民族都應如是；而能夠如是的民族也必是無往而不自由的。這樣的人民，永遠不會因任何人或任何團體能夠控馭其中央政府，就甘心讓自己受他們的奴役；也沒有任何一個官僚機構能夠指望，可以讓這樣的人民去做或遭受任何他們所不願意的事。然而，在各種事務都要由官府包攬的地方，任何爲官府所決意反對的事情都根本不可能做成。此類國家的體制，不過就是將全國的能人才士，都組織進一個紀律森嚴的團體，以此來統御其餘人衆；其組織本身愈是完善，其從社會各界吸納和規訓最優秀人才的作法愈是成功，其對包括官府成員在內的所有人衆的束縛就愈是徹底。因爲統治者自己也成爲其自身組織和紀律的奴隸，就像被統治者是統治者的奴隸一樣。一位中國高官跟最卑微的農夫一樣，同爲專制統治的工具和奴才；個體的耶穌會士，就是所屬宗教團體卑賤得不能再卑賤的奴隸，儘管耶穌會本身是致力於爲其會衆爭取集體權利和地位的。

還有一點不可不記住，如果一國之內所有才俊都被吸納進入政府，那麼政府本身的精神活力和進取之勢遲早都會喪失。既然他們要聯手運轉一個制度系統——一個像所有系統一樣，必須在很大程度上依固定規則運轉的系統，這一官僚群體便處在不斷的誘惑之下，逐漸陷入一種例行敷衍的怠惰狀態；或者，即便他們也會對那種機械僵化的作法不時感到厭倦而改行他轍，也會在某些領導人物的突發奇想之下，貿然採取某種考慮欠周的不成熟舉動；唯一能夠遏制這種貌似相反實則密切關聯的趨勢的，亦即唯一能夠激勵官僚群體的能力與時俱進的，是讓它必須對政府之外有同等才能者的監督批評做出回應。因此，必不可少的是，設法讓一批具備此等才能的人獨立於政府之外而存在，並且爲他們提供重大事務上的正確判斷所必須的機會和體驗。如果想永遠保有一個靈活而有效的官僚團體，尤其是想擁有一個能夠創新且願意接受改進的官僚團體；如果不想讓我們的官僚機構墮落爲腐儒祿蠹，那麼，這個團體就切不可把能夠塑造和培育人類政治治理所需之才的所有職位，都完全包攬在自己手中。

社會爲了排除獲得其福祉所面臨的障礙，需要在公認領袖的帶領之下，以社會力量的集體運用來獲取利益，但這種作法一旦越過某個界點，卻又會開始變成對人類自由和進步如此可怕的禍害；要竭盡可能地獲取集中權力和智慧的優勢，又不致將社會的一般功能過多地轉入政府管道；然而判定這個界點究竟在哪裡，卻是人類政治技藝中最困難、最複雜的問題之一。它在很大程度上是一個細節問題，必須根據具體問題做具體分析，沒有絕對的規則可以遵循。但是我相信，一項安全可靠的實踐準則，一個值得矚望的理想，一個可以用來檢驗旨在克服這一困難而行的種種安排的標準，可以表述爲下面兩句話：在不違效率的前提下，盡最大限度地讓權力分散；同時由一個集散中樞盡最大可能地讓資訊得到蒐集和傳播。例如在地方行政系統中，就應該像新英格蘭各州[6]那樣，在種種不宜由直接相關者自己處理的事務上，分門別類地設立地方機構，並分別充以由地方選任的官員；除此之外，還應該在每一類地方事務部門之上，設立一名總督，作爲全州政府的一個機構。這個總督機構，就像個焦點一樣，蒐集所有地方公共事務部門工作取得的各種資訊和經驗，也蒐集外國處理相似事務取得的資訊和經驗，甚至還要蒐集來自政治科學一般原則的資訊和經驗。這個中樞機構應該有權了解所有已經實行的事情，而且它的特定義務是讓得自某個地方的知識能夠爲其他地方所用。因它站得更高、看得更廣，不爲一地的瑣細偏見和狹隘眼光所局限，其建議自然更具權威。不過我以爲，作爲一個永久性機構，其實際權力，應該限於強迫地方官吏遵守爲指導他們而制定的法律爲止。凡是全州法規未予規定的事情，皆可以由地方官吏自主判斷，但須向他們的選民負責。倘有違規，則應責成他們向法律負責，而且這些法規本身也應該由立法機關制定；中央行政當局僅負責監督法規的實施，如果其實施未當，應根據實際情形，或請求法院強制執行法律，或請求選區全體選民罷免那些沒有遵照法律精神來執行的官員。一般來看，意在管控全英濟貧稅執行官的濟貧法局（Poor Law Board），正是這樣一種中央監管機構。爲了矯正不僅深深影響著地方，還影響著整個社會的根深柢固的亂政積習，無論濟貧法局行使了哪些超過其限度的權力，在那種特殊的情形下都是正當且必要的；因爲沒有任何一個地方有一種道德權利，容許它因管理失當而把自己變成貧民穴窟，以致必然蔓延至其他地方，損害整個勞動群體的道德和身體狀況。爲濟貧法局所享有的行政強制權和輔助立法權（鑑於這個問題上的輿論情勢，這些權力極少被行使），用以處理攸關全國利益的事務固然是完全正當的，但如用在對純粹地方利益的監管上，則是完全失當的。但是，一個爲所有地方提供資訊和指導的中央機構，對各類行政部門來說都有著同樣的價值。某種政府功能，如果不妨礙而是能夠幫助和激勵個人的努力和發展，那無論如何是不嫌其多的。一旦它非但不去激發個人和團體的活力與力量，反而要以它自己的功能去替代；一旦它非但不予提示、忠告乃或在必要時給予批評，反而要使人們在束縛下工作，或者乾脆命令他們靠邊，而由它代替人們工作，危害就開始了。從長遠來看，國家的價值，歸根結柢還是組成這個國家的個人的價值；一個國家爲了在各項具體事務中使管理更加得心應手，或爲了從這種具體實踐中獲取更多類似技能，而把國民智力拓展和精神提升的利益放在一旁；一個國家爲了要使它的人民成爲它手中更爲馴服的工具，哪怕是爲了有益的目的，而使人民渺小，終將會發現，弱小的國民畢竟不能成就任何偉業；它爲了達到機器的完善而不惜犧牲一切，到頭來卻將一無所獲，因爲它缺少活力，那活力已然爲了機器更加順利地運轉而寧可扼殺掉了。

注釋

【1】參見邊沁：《證據原理導論》（Bentham, *An Introductory View of the Rationale of Evidence*），《邊沁作品集》，第六卷，第六〇頁。——原編者注

【2】譯者按：西方的研究者認爲，彌爾在本段含糊其辭的其實是人類的性行爲，可做參考。

【3】見洪堡：《政府的界限與責任》，英譯本，第三四頁。——原編者注。此處原編者注有誤，彌爾這裡所引述的文字，實際見於洪堡該書英譯本第一三五頁。——譯者注

【4】見洪堡：《政府的界限與責任》，英譯本，第一二三頁。——原編者注

【5】譯者按：嚴復在舊譯《群己權界論》中，於此段加按語如下：「此段乃西國所以持保盛強之祕，愼勿忽之。」

【6】新英格蘭包括緬因、新罕布夏、佛蒙特、麻薩諸塞、康乃狄克、羅德島六個州。——譯者注

譯後記

《論自由》是十九世紀英國思想家彌爾最著名的代表作，自一八五九年問世迄今一百五十多年來，就一直是政治哲學乃至人文思想領域享譽最高的作品。一九〇三年，近代中國啓蒙思想家嚴復以文言第一次將本書翻譯爲中文，名之爲《群己權界論》，然而因譯文文辭古奧，頗不易爲普通人所理解。一九五九年，商務印書館出版了第一個中文白話譯本，書名直譯爲《論自由》，譯者署名程崇華（二〇〇五年以簡化字重印後改署許寶騤），成爲此後本書在中文世界裡流傳最廣的譯本。雖然在沒有其他譯本問世的時候，該譯本爲中文讀者了解和研究彌爾自由思想做出了重大貢獻，但是其生硬晦澀的翻譯風格也確實影響了人們對彌爾思想的理解，以致讓許多人臨文卻步。近年來，在名著重譯的風潮之下，本書又增添了若干新譯本，讓讀者有了更多選擇，然而細品之下，無論從翻譯本身還是編校方面來說，新出的幾個譯本都是失之粗疏者多而工於精審者少。筆者曾專門撰文對《論自由》各中文譯本做過詳細比較和評論，此處不贅（參見本書附錄）。總之，目前已有的《論自由》中譯本還有待改進，無論是對普通讀者還是對專業研究者來說，都亟需更好的翻譯版本來改善當前的狀況。有鑑於此，二〇〇九年夏至二〇一〇年春，筆者遂在仔細研讀嚴復所譯《群己權界論》的同時，對照英文原文，重新做了一個白話譯本。在將譯稿公之同好之際，筆者就本次重譯的總體情況，略做幾點說明。

筆者本次重譯，所據原文係《彌爾作品集》第十八卷之《論自由》部分（*The Collected Works of John Stuart Mill*, Volume XVIII-*Essays on Politics and Society*, pp.213-310），原書由加拿大多倫多大學出版社於一九七七年出版，編者爲多倫多大學著名學者 John M. Robson。該版是《論自由》一書目前比較精善完備的版本，原編者對彌爾原著添加了詳盡的注釋，其中很多注釋對更深入地理解原文以及追溯彌爾思想淵源和軌跡頗爲必要。在本次重譯中，筆者將比較重要的「原編者注」都迻譯過來並加以注明，並對彌爾所引用文獻做了多方的查證核對（詳見本書附錄說明）。在注釋體例上，筆者將彌爾自注統一放到每章末尾，這樣做是考慮到彌爾本人添加的注釋總體說來不是很多，但長者頗長，短者頗短，如做頁下注，會妨礙版面總體的整潔；

出於同樣的考慮，原編者注以及譯者注也一併放到每章末尾。另外，增譯了爲其他所有譯本所省略的作者獻辭（彌爾這篇寫給先他而逝的妻子的短短獻辭，對研究彌爾自由思想與他妻子影響之間的關係頗爲重要）。

需要說明的是，筆者所採用的翻譯辦法大體上仍屬於直譯範圍，依照原著的段落、句群一一對照翻譯；但是爲了意思表達上的通暢，以及轉折、遞進等邏輯推理關係的明晰，又絕對遵循嚴復「不得不略爲顚倒」的辦法。蓋因筆者認爲，對翻譯來說，有時最重要的是要傳達原文的文氣。譯文在傳達原文字面意思的同時，還要傳達作者力透紙背的那些東西（尤其是句與句之間、段與段之間以及整個篇章間的邏輯推進關係），甚至對某一個相關字詞做精當的挑選以便對讀者的理解活動有所幫助，這些都是過於生硬的直譯所無法傳達的。這就要求譯者在翻譯過程中，必須有所變通，在保證譯文意思準確的前提下，對原文的詞序、語序乃至句式等稍做調整，務使其符合中文的表達習慣，並在必要的時候增加使句子有機聯繫起來的銜接詞。在《論自由》這部經典著作中，彌爾原文長於絲絲入扣的邏輯推理，如果譯文把原文每句話的意思都差不多正確地翻譯過來了，但若因亦步亦趨地對譯而導致文氣不暢，尤其是導致句與句之間的氣脈滯澀甚至斷裂，那譯文傳達原有文意的效果還是要大打折扣的，這恰恰是之前許多譯本的最大問題所在，也正因此嚴復才說「原文文理頗深，意繁句重，若依文作譯，必至難索解人」[1]。

因此，一般情況下，在不影響文意準確傳達的情況下，譯者大都照顧原文的語序、詞序、句法；而一旦這樣行不通之時，必冥思苦想，略爲變化，務使文意暢達方休。但是面對《論自由》這樣一部因作者注重論證嚴密而導致長句頗多且句子結構複雜的著作，此話說來容易，做起來實難。爲此，譯者採取笨法，就是每譯完一段文字，先自己出聲閱讀，覺得有拗口窒礙的地方，就在保持作者文意的前提下，力求做文句上的變改，直到通順爲止。全部譯文就是經譯者這樣反覆誦讀、字斟句酌的結果，並且在此基礎上力求譯文文筆的雅訓。惟願經過譯者的辛苦努力，不負原作者所說的「我的作品中沒有哪部像此書這樣具有如此縝密的構思，並得到如此孜孜不倦的修改」，「書中每一句話都經過我們[2]多次認眞思考和反覆推敲，並細心剔除了我們所校查到的思想上或表達上的錯誤」[3]。筆者雖不敢奢求如此文理深奧的作品在講堂上宣讀出來，完全都能被大家即刻理解，但也望其十之七八能自聽者之耳而入聽者之心。

在翻譯過程中，筆者主要參考了嚴復舊譯《群己權界論》[4]、許寶騤譯《論自由》[5]兩個譯本，對其他幾個譯本也間或有所參考。筆者終能譯畢彌爾此一經典名著，受益前賢實多，雖對前賢遺漏與失誤之處時有彌補與校正，但對前賢譯文精采之處也間或有所採取，在此至表感謝。如無前賢所譯文字在先，則筆者究竟能否完成這一重任，實不敢說，至少不會完成到目前這個程度。

學問之道，貴在精益求精。但對於這樣一個已經有多種譯本問世的思想經典，筆者不揣鄙陋的重譯，是否達到了最初想要的效果——忠實、暢達地再現彌爾異常嚴密的邏輯論證，最終還要以是否能獲得讀者的青睞來檢驗。嚴復曾在其舊譯《群己權界論．譯凡例》中說：「海內讀吾譯者，往往以不可猝解，訾其艱深，不知原書之難，且實過之，理本奧衍，與不佞文字固無涉也」，然嚴譯出版之際，畢竟還是西學在中國方興未艾之時，況且譯文又是典雅文言，當然可以這樣爲自己辯解，在今日西學已然大大普及的時代，自然不可再以此做擋箭之牌，何況筆者此次重譯的一個重要目標，就是要做到譯文的通達流暢，所以，非常希望能夠得到讀者的批評和指正。

在拙譯即將付梓之際，我要對在本書翻譯過程中給予過關心和幫助的衆多親友、師長表示由衷的謝忱。感謝我的妻子史傑女士，沒有她的不斷鼓勵，本書的重譯也許早就半途而棄了；她還是本譯稿的第一個「聽衆」和讀者，在翻譯進行的半年多時間裡，她一段不落地聽我朗誦了全部譯文，並不時基於對文字的敏感給出難得的修改意見，她對譯稿的通順流暢功不可沒。

感謝雷頤老師和劉東老師對譯稿的稱許並熱心推薦出版。感謝高全喜老師慷慨答允，在百忙之中審閱譯稿並爲本書撰寫導讀。幾位老師提攜後進的情誼讓我倍感人間溫暖。感謝張博樹老師、唐磊博士對本書翻譯的關心和鼓勵。感謝我的父母和岳父母，他們不恤自身艱難的全力支持是我不斷前行的動力。正是因爲有了這麼多親人、師長、朋友的關懷和支持，艱苦的翻譯過程才變成了快樂的享受！

注釋

【1】嚴復《群己權界論．譯凡例》。

【2】指作者和妻子。

【3】《約翰．穆勒自傳》，鄭曉嵐、陳寶國譯，華夏出版社，二〇〇七年版，第一八四，一八五頁。

【4】商務印書館，一九八一年版；上海三聯書店，二〇〇九年版。

【5】商務印書館，一九五九年版，一九八二年及二〇〇五年重印本。

約翰・斯圖爾特・彌爾年表

年代	生平紀事
一八〇六年	•五月二十日生於倫敦，也是著名效益主義哲學家詹姆斯・彌爾（一七七三—一八三六）的長子。
一八一四年	•學習拉丁文、代數和幾何。
一八一五年	•當時大學所教希臘作家的重要著作已經全部讀過。
一八一六年	•讀完柏拉圖和狄摩西尼（Demosthenes）的原文著作。
一八一八年	•徹底研究邏輯學，熟讀亞里斯多德邏輯學論文。
一八一九年	•研習亞當斯密和大衛李嘉圖的學說，學習政治經濟學。
一八二〇年	•父親詹姆斯・彌爾過世。
一八二二年	•組織了一個研討邊沁效益主義的學會（Utilitarian Society），鼓勵討論自由。
一八二五年	•成立讀書會和哲學研究會，和很多人做專題的研究和辯論。 •發表討論商業政策與貨幣政策的論文。 •與邊沁合編《司法證據的理論基礎》，又發起組織了「思辨學會」。
一八二六年	•進入了一種精神危機的狀態，不斷思索作為一個人的價值何在。

一八三一年	• 大量閱讀具有不同觀點人士的著作，如：塞繆爾・泰勒・柯勒律治、奧古斯特・孔德、聖西蒙。
一八三六年	• 擔任急進派刊物《倫敦和西敏寺評論》主編。
一八四三年	• 出版《邏輯學體系（*The System Logic*）》，共兩冊。
一八四四年	• 發表第一部經濟學論文集《經濟學上若干未決問題（*Essays on Some Unsettled Question in Political Economy*）》。
一八四八年	• 發表《政治經濟學原理（*Principles of Political Economy*）》，為彌爾的最重要的經濟學著作。
一八五一年	• 與哈莉耶特結婚。彌爾對哈莉耶特的才智、魄力和精神極為推崇。
一八五七年	• 哈莉耶特去世於法國阿維尼翁。
一八五九年	• 出版《論自由（*On Liberty*）》一書，迄今仍為關於人類權利的經典著作。還有《對國會改革的意見（*Thoughts on Parlimentary Reform*）》出版。
一八六一年	• 出版《代議政治論（*Considerstions On Representative Government*）》，表現他對民主政治的熱心。
一八六三年	• 出版《效益主義（*Utilitarianism*）》。

一八六五年	• 出版〈漢彌登爵士哲學的檢討〉和〈孔德與實證主義〉。這兩篇論文中的用字比任何時期都更像父親以及邊沁。
一八六七年	• 和幾位婦女組織了第一個婦女參政社，成為一個全國性的婦女參政團體。
一八六九年	• 出版《人類精神現象的分析》，加上自己的說明和註解。
一八七三年	• 逝世於法國亞維農附近的別墅。

索引

三畫

四畫

五畫

六畫

七畫

九畫

本書譯文由北京理想國時代文化有限責任公司授權使用。
經典名著文庫034

論自由 On Liberty

文庫策劃 — 楊榮川
作　　者 — 約翰・斯圖爾特・彌爾（John Stuart Mill）
譯　　者 — 孟凡禮
編輯主編 — 劉靜芬
文字校對 — 許雅容、許珍珍
封面設計 — 姚孝慈
著者繪像 — 莊河源
出 版 者 — 五南圖書出版股份有限公司
發 行 人 — 楊榮川
總 經 理 — 楊士清
總 編 輯 — 楊秀麗
地　　址 — 台北市大安區 106 和平東路二段 339 號 4 樓
電　　話 — 02-27055066（代表號）
網　　址 — https://www.wunan.com.tw
電子郵件 — wunan@wunan.com.tw
劃撥帳號 — 01068953
戶　　名 — 五南圖書出版股份有限公司
法律顧問 — 林勝安律師
出版日期 — 2013 年 6 月初版一刷
2015 年 3 月二版一刷
2018 年 12 月三版一刷（共三刷）
2025 年 4 月四版一刷
定　　價 — 320 元

國家圖書館出版品預行編目資料

論自由 / 約翰・斯圖爾特・彌爾 (John Stuart Mill) 著；孟凡禮譯. -- 四版. -- 臺北市：五南圖書出版股份有限公司, 2025.04
面；　公分
譯自：On liberty.
ISBN 978-626-423-128-2(平裝)

1.CST: 自由

571.94　　114000095